_____ 님께

_____

_____

_____ 드립니다.

실력보다
안목이다

실력보다 안목이다

대한민국 최고 트렌드 분석가가 말하는
성과를 내는 사람들의 비밀

김용섭 지음

INFLUENTIAL
인플루엔셜

당신의 눈은 무엇을 보고 있는가?

트렌드 분석가이자 경영전략 컨설턴트로서 내가 하는 일은 특정 프로젝트 혹은 특정 기업의 정책이나 기업 문화를 직접적으로 바꾸는 것이 아니다. 그 대신 그 일을 하는 이들의 인사이트의 깊이와 비즈니스를 바라보는 관점을 바꾼다. 나는 직업상 다양한 기업들과 인연을 맺으며, 각종 산업을 접한다. 그러다 보니 내가 지닌 인사이트를 전하러 간 곳에서 도리어 새로운 정보나 인사이트를 얻고 오는 경우도 많아, 자동차 회사에서 얻은 아이디어를 IT 회사에 제안하기도 하고 패션 회사에서 얻은 인사이트를 건설 회사에 제안하기도 한다. 이런 일이 가능한 것은 어떤 산업에서는 당연히 통용되는 관점이 다른 산업에서는 돌파구가 되어주기도 하기 때문이다. 이렇게 산업의 경계를 넘나들며 아이디어를 연결하다 보면 남다른 안목이 생기는데, 그러다 보니 새로운 사업을 벌이려는 기업들이

나를 찾는 경우가 많다. 가령, 한 번도 시도해보지 않은 가정용 로봇 사업을 시작하려는 기업이 과연 로봇이 일상에 어떻게 녹아들 수 있을지, 한국 소비자가 원하는 로봇의 기능은 무엇일지 등을 묻는 식이다. 물론 이러한 작업에는 여러 분야 전문가들이 참여한다. 그리고 많은 전문가들 속에서 나의 역할은 이 가정용 로봇이 우리의 라이프스타일과 어떻게 연결될 수 있을지 알려주는 것이다. 결론부터 말하자면 가정용 로봇이 우리 삶에 제대로 정착하기 위해서는 첨단 하이테크 기술도 중요하지만, 무엇보다 의식주를 근간으로 하는 라이프스타일과 소비자의 욕망을 읽어냄으로써 '사용의 필요성'을 제시하는 것이 중요하다. 즉 기술적 이해와 산업적 관점, 그리고 소비자와 라이프스타일 트렌드를 통합적으로 연결시키는 '안목眼目'이 필요하다.

'안목'은 사물의 좋고 나쁨 또는 진위나 가치를 분별하는 능력을 말한다. 비즈니스 분야에서 이 안목을 가졌다는 것은 남들과 다른 경험과 지식을 바탕으로 탁월한 비즈니스를 이끌 자격을 갖추었다는 것이다. 지난 10년간 '날카로운상상력연구소'가 연구해온 트렌드 인사이트와 비즈니스 창의성은 결국 이 안목의 힘으로 귀결된다.

우리는 혁신적인 생각이 새로운 비즈니스를 이끄는 것이 당연해진 시대를 살고 있다. 누구나 탁월한 생각을 하고 싶어 하고, 누구나 탁월한 비즈니스를 통해 세상을 바꾸고 싶어 한다. 당신이 지금 이 책을 펼쳐든 것도 그 때문일 것이다. 그런데 과연 탁월한 비즈니스는 일론 머스크나 마크 저커버그, 스티브 잡스, 제프 베조스 같은 특별한 사람들만이 할 수 있는 일일까? 물론 우리가 아는 비즈니스계의 혁신가들은 모두 성공한 사람들이다. 그러나 보다 정확히 말하면 '결과적으로' 성공한 사람들이다. 그들도 사업 초기에는 자신들이 성공할지 실패할지 알 수 없었다. 오히려 시작은 평범하거나 초라하기까지 했다.

그렇다면 무엇이 그들의 비즈니스를 탁월하게 만들었을까? 바로 '안목'이다. 좋은 안목은 좋은 생각을 낳고, 좋은 생각은 탁월한 비즈니스를 만든다. 당신의 안목은 어떠한가? 당신의 눈은 지금 무엇을 보고 있는가?

●

비즈니스 창의력은
드러나지 않은 것을 보는 능력이다

과거에는 정보가 무기였다. 정보의 격차가 부의 격차이기도 했다. 그러나 지금은 누구나 풍부한 정보를 접할 수 있는 시대다. 구글링만 열심히 해도 별의별 정보를 다 얻는다. 적어도 정보 격차만큼은 크게 해소되었다. 전 세계 주요 기업들이 어떤 사업을 펼치고 있는지 실시간으로 찾아볼 수 있고, 국내외 언론에서 쏟아내는 신기술과 신제품에 대한 소식도 쉽게 접할 수 있다. 이같은 시대에는 결국 정보의 양보다 그 정보 속에 숨은 것을 꿰뚫어볼 수 있는 안목이 중요하다.

모두가 두 눈을 가졌지만, 똑같은 것을 보지는 않는다. 그 안목의 차이가 생각의 차이를 만들고, 그것이 비즈니스에서 탁월함을 좌우한다. 결국 비즈니스 창의력은 좋은 눈에서 시작되는 셈이다. 창의력은 머리가 좋거나, 공부를 잘하는 사람에게만 있는 능력이 아니다. 또한 천재의 전유물도, 예술가의 영역만도 아니다. 미국의 심리학자이자 창의력 연구의 대가인 조이 길포드 ^{Joy P. Guilford}가 정의했듯 창의력이란 "주어진 사물이나 현상에 대해 새로운 시각에서 다양한 아이디어나 산출물을 표출할 수 있는 능력"이다. 특히 그중에서도 우리에게 필요한 창의력은 비즈니스 창의력,

▶ 킨사이트, 크로스사이트, 포사이트, 인사이트는 우리가 지녀야 하는 네 개의 특별한 눈이다. 이들은 각기 존재하면서 서로 겹쳐지고 결합되며 더 깊은 안목을 만들어낸다. 그중에서도 인사이트는 앞서 세 가지 안목이 통합된 것이다. 즉 킨사이트, 크로스사이트, 포사이트를 모두 갖추면 마지막 안목인 인사이트도 자연스레 얻는 셈이다.

즉 비즈니스 상황에서의 탁월한 문제 해결 능력이다. 만약 당신 스스로 창의력이 부족하다고 느꼈다면 바로 비즈니스에서 부딪친 수많은 문제들을 풀어갈 방법을 제대로 찾지 못했기 때문이다. IQ나 지위, 인맥이 아니라, 당신의 눈과 관찰력, 경험 등을 통해 현상을 제대로 볼 수 있는 안목만 있다면, 비즈니스 창의력도 그 안목을 따라갈 것이다. 따라서 제대로 볼 줄 아는 눈, 안목이야말로 당신의 진짜 실력인 것이다.

세상의 중요한 것들은 결코 쉽게 답을 드러내지 않는다. 그리고 드러난

답은 이미 모두가 다 아는 답이기에 결코 무기가 될 수 없다. 그래서 우리는 숨겨진 것을 볼 수 있어야 한다. 이때 필요한 것이 바로 좋은 안목이다. 꽁꽁 숨겨놓은 것도 찾아내서 볼 수 있는 킨사이트Keen-sight, 단서가 전혀 드러나 있지 않은 것들을 서로 엮고 붙여 그 속에 숨은 놀라운 연결 고

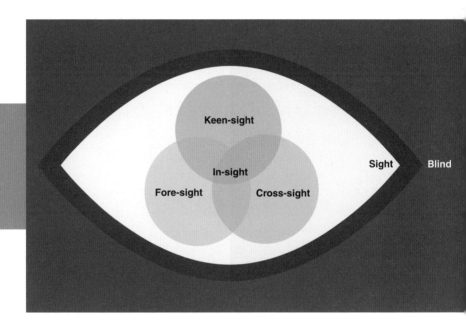

리를 찾아내는 크로스사이트Cross-sight, 아직 다가오지 않은 미래를 예측하고 구체화하는 포사이트Fore-sight, 문제의 본질을 꿰뚫어보는 인사이트In-sight는 누구나 갖추기 원하는 안목이다. 시키면 시키는 대로 묵묵히, 생각 없이 관성에 따라 일하는 사람에게는 이러한 안목이 없어도 일하는 데 아무

지장이 없을 수 있다. 하지만 조금만 직급이 높아져도 상황은 변한다. 직급에 따른 역할이 달라지기 때문이다. 단순 업무에서 벗어나 의사결정도 해야 하고 새로운 답도 찾아야 한다. 이럴 때 많은 사람들이 안목의 필요성을 뼈저리게 느낀다. 비즈니스 전쟁터에서 승리하려면 남들과 같은 것을 보고 같은 것을 아는 수준으로는 부족하기 때문이다. 그래서 네 가지 안목을 갖춘다는 것은 비즈니스에서 눈을 뜨고 싸우는 정도를 넘어서 때로는 현미경을, 때로는 망원경을, 때로는 투시경까지 마음껏 사용하는 것을 의미한다. 그러니 맨눈으로 덤비는 상대와의 싸움에서 절대적으로 유리할 수밖에 없다. 이것이 바로 미래를 준비하는 기업과 개인들이 지녀야 할 비즈니스의 필수 자질인 것이다.

'더 잘 보기 위한 노력'이 인류의 진화를 이끌었다

인류의 진화 과정에서 '더 잘 보려는' 욕망은 매우 중요하게 작용했다. 인류는 시력을 교정하려고 안경을, 더 멀리 보려고 망원경을, 더 세밀하게 보려고 현미경을, 겉으로 보이지 않는 것을 보려고 CT와 MRI(자기공명영상)를 만들었다. 덕분에 인류는 항해 시에 먼 곳의 육지를 찾고 전쟁 시에 적의 동태를 살필 수 있었고, 천체를 관측하고 지동설을 입증했으며, 우주 개발을 계속하고 있고, 미생물과 박테리아를 발견하고, 의료 분야를 발전시켜 생명 연장에 기여하고 있다. 만약 인류에게 안경이나 망원경, 현미경 등이 없었다면 어땠을까? 이것이 발명된 시기가 100년만 늦었어도 인류 진화의 속도 역시 그만큼 늦었을 것이다.

우리에게는 네 가지 안목이 안경이자 망원경, 현미경, 때로는 CT와 MRI 같은 존재다. 우리가 안다고 생각했던 세상을 더욱 또렷하고 세밀하게, 때로는 겉으로 보이지 않는 것까지 볼 수 있게 해준다. 이들 도구가 없던 시대를 상상할 수 없는 것처럼, 비즈니스를 보는 안목이자 세상을 바꾸는 창조와 혁신의 힘도 마찬가지다. 킨사이트, 크로스사이트, 포사이트, 인사이트는 우리로 하여금 눈을 뜨게 해준다. 더 잘 보게 해주며 더 많은 기회를 만들어준다. 비즈니스를 개척하고 미래를 만들어가려는 당신에게 이 네 가지 안목은 반드시 필요하다.

과연 일론 머스크는 어떤 눈으로 세상을 바라보았을까? 제프 베조스가 본 비즈니스의 미래는 어떤 모습이었을까? 스티브 잡스나 빌 게이츠, 폴 앨런, 세르게이 브린, 마윈 등 비즈니스를 주도하며 세상을 이끌어가는 이들은 어떤 안목을 갖추었을까? 지금부터, 세상을 진화시켜가는 이들의 특별한 안목의 세계로 당신을 초대한다.

2018년 7월

김용섭

차례

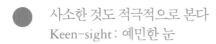

세상 모든 것의 연결 고리를 찾아낸다
Cross-sight : 교차하는 눈

항상 미래의 시점에서 본다
Fore-sight : 넘나드는 눈

드러나지 않는 것에 더 집중한다
In-sight : 추리하는 눈

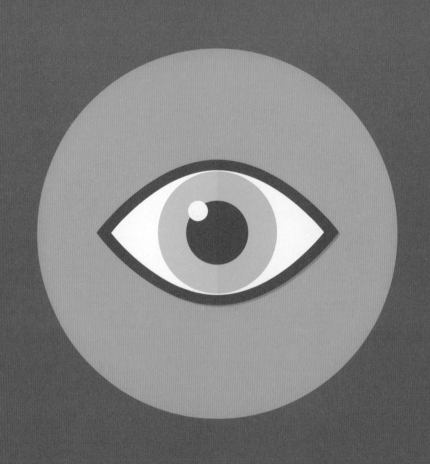

사소한 것도 적극적으로 본다
Keen-sight : 예민한 눈

세상에 불만이 많다는 것은 이를 해결할 기회가 있다는 뜻이다.

미래의 기업가는 지금 불평하는 사람이 아닌,

이 불만들을 풀려고 하는 사람들 가운데 나올 것이다.

마윈 † 알리바바그룹 회장

"불만은 진보의 첫 번째 요건이다"

'불만不滿'은 마음에 흡족하지 않다는 뜻으로, '불만족'과 같은 의미다. 영어로는 'dissatisfaction' 혹은 'discontent'인데, 만족할 줄 모르고 불평만 한다는 등의 부정적 뉘앙스로 많이 쓰인다. 그러나 관점을 바꿔 생각해보면, 불만은 우리가 느끼는 불편함과 부당함에 대한 문제의식이다. 불만을 가짐으로써 더 나은 방향으로 변화를 이끌 수 있다. 즉 불만은 타성에 젖지 않고 변화를 추구하는 태도다. 그러나 우리나라에서는 불만이라는 단어를 부정적으로 받아들이고 불만 많은 사람을 부담스러워하거나 싫어하는 경우가 더 많다.

불평불만이 창조의 에너지가 되려면, 문제를 좀 더 깊숙이 들여다볼 수 있어야 하고 어느 정도의 경험도 있어야 한다. 그리고 결정적으로 자기가 지적한 문제에 대한 해결책 및 대안을 고민할 수 있어야 한다. 습관적으로 거는 시비나 상대를 괴롭히기 위한 불평불만은 절대 창조적인 에너지로 작동하지 못한다. 자신이 겪은 문제를 해결하고 남들에게 더 나은 변화를 주기 위해 품은 건강한 불평불만이 창조의 에너지가 될 수 있다.

누구에게나 일상이 있고 좋아하는 분야가 있다. 즉 누구에게든 자신이 경험한 제품이나 서비스에 관해 불만을 품을 기회가 있다. 그리고 그 불편함을 예민하게 볼 수 있는 눈을 가진 이들이 이를 해결하려 행동을 개시할 때 비로소 평범한 사람의 작은 불만이 탁월한 비즈니스의 씨앗이 될 수 있다. 이처럼 우리의 일상에서도 엄청난 기회가 계속 쏟아지고 있다.

킨사이트는 사소한 것도 날카롭고 적극적으로 보는 눈이다. 작은 불편도 무심히 넘기지 않고 원인과 해결 방안을 따져보는 눈이다. 그리고 이런 작은 불편을 해결하려고 나서는 것이 바로 비즈니스다. 그래서 킨사이트는 비즈니스 기회를 먼저 캐치하는 데 유리하다. 킨사이트를 지닌 사람은 감정적인 불만이 아닌 합리적인 불만을 가진 사람이다. 만약 예민하게 관찰하기보다 뭐든 무던하게 잘 참아내며 적당히 타협하려는 성향의 사람이라면 킨사이트가 없을 확률이 크다. 당신은 일상을 예민하게 관찰하는 사람인가? 일상에서 겪는 불편을 세심히 들여다보며 뭐가 문제인지 꼬치꼬치 따지는 사람인가? 이런 사람은 단순히 까탈스러운 투덜이가 아니다. 바로 비즈니스 기회를 먼저 보는 사람들이다. 발명가이자 사업가였던 에디슨이 했던 말을 기억하자. "불만은 진보의 첫 번째 요건이다. 나에게 완전히 만족한 사람을 보여주면, 나는 그에게 실패를 알려줄 것이다."

익숙한 불편을 모두에게 필요한 것으로 바꾼다

우리가 여행이나 출장을 갈 때 끌고 다니는 여행용 캐리어를 보면 어느 브랜드이든 던져도 끄떡없을 만큼 튼튼하고 투박한 생김새는 비슷비슷하다. 수십 년 전에도 그랬듯이 바퀴 잘 굴러가고, 짐이 손상되지 않도록 하는 것이 여행용 캐리어 기능의 전부나 다름없다. 명품 브랜드라는 리모와 RIMOWA 캐리어도 이 두 가지가 핵심 기능인 것은 마찬가지다. 호텔, 비행기 등의 교통수단, 여행상품 등 여행 산업이 엄청나게 성장하고 진화하는 사이에도 여행용 캐리어는 늘 그대로였다.

불편함이 없어서가 아니다. 공항에서 수하물을 찾을 때 컨베이어벨트 위로 비슷비슷한 캐리어들이 쌓여 있어 자기 것을 놓치거나, 심지어 남의 캐리어를 자기 것으로 착각하고 가져가기도 한다. 임시방편으로 스티커를 붙이거나 네임택을 달지만 그런다고 해서 짐을 찾을 때의 불편함이 획기적으로 개선되지는 않는다. 투박하고 개성 없는 캐리어라는 사실에도 변함없다. 이 익숙한 불편을 꼭 감수해야만 할까? 이런 불편을 줄일 만한 기능을 여행용 캐리어에 덧붙일 수는 없을까?

라덴 Raden의 창립자이자 CEO 조시 우다슈킨 Josh Udashkin의 직업은 원래 변호사였다. 하지만 업무가 적성에 잘 안 맞는다고 느낀 그는 변호사 일을 잠시 접고 완전히 다른 직종으로 이직한다. 그는 캐나다 슈즈 브랜드 알도 ALDO

에서 2년간 해외 영업을 담당하기로 한다. 업무 특성상 해외 출장 일이 많았던 우다슈킨은 공항에서 투박한 캐리어를 끌고 다니는 사람들을 수없이 마주쳤고, 수십 년째 변함없는 기능, 예쁘지 않고 조잡한 캐리어에 불만을 품게 되었다. 이윽고 캐리어를 직접 개발해볼 궁리를 시작한 그는 더 많은 캐리어를 관찰하기 위해 호텔 로비에 죽치고 앉아 있기도 했다. 이것이 라덴의 시작이었다.

2016년 4월 첫 제품 출시 후 맨해튼의 쇼룸과 온라인에서만 판매했음에도 매출은 4개월 만에 200만 달러를 넘어섰고, 출시 1년간 매출 목표였던 1200만 달러도 충분히 달성했다. 오프라 윈프리, 제시카 알바 등 유명 인사들이 이 캐리어에 열광하기 시작했고, 여기에 패션계 유명 인사들과 《보그》 등이 가세하면서 입소문이 퍼졌다. 생산량이 주문량을 못 따라갈 정도로 제품 구매 대기명단이 길었다. 도대체 어떤 캐리어이기에 사람들이 이렇게 열광했을까?

라덴 캐리어에는 스마트폰을 약 4회 충전할 수 있는 배터리 충전기가 장착되어 있다. 캐리어 손잡이에는 캐리어 무게를 측정할 수 있는 센서도

▶ 2016년 3월 뉴욕 소호에 세워진 라덴 캐리어 팝업 스토어. 라덴이 다른 여행용 가방과 차별화된 지점은 스마트한 기능 때문이기도 하지만 날렵하고 심플한 디자인, 다양한 컬러 선택, 합리적인 가격도 한몫했다.

있다. 캐리어 전용 앱을 통해 무게는 물론 배터리 잔량도 알 수 있고, 반경 100피트(30.48m) 내에서 가방의 위치도 확인 가능하다. 설령 가방이 100피트 밖에 있다 해도, 다른 사람의 라덴 앱에 내 가방이 발견되면 그 사람이 가방의 위치 정보를 나에게 전송해줄 수도 있다. 가방 분실에 대한 대비책인 셈인데, 라덴 캐리어를 쓰는 사람들끼리의 네트워크로도 기능한다. 또한 라덴 앱을 통해 서비스센터와 채팅으로 실시간 AS 문의가 가능하다.

그런데 라덴보다 먼저 만들어진 스마트 캐리어는 따로 있다. 바로 크라우드펀딩으로 자금을 유치한 블루스마트^{Bluesmart}의 캐리어 원^{One}이다. 이 캐리어에는 GPS가 장착되어 있어 실시간 위치를 확인할 수 있고, 원격 잠금 기능이 있어 캐리어 분실과 도난에 탁월한 대응이 가능하다. 또한 스마트폰을 6회 충전할 수 있는 배터리가 내장되어 있으며 스마트폰이나 태블릿, 노트북을 별도로 수납할 수 있는 공간이 있어 공항 검색대에서 이 물건들을 손쉽게 꺼낼 수도 있다. 가격은 라덴보다 조금 더 비싸지만, 라덴과 그 기능이 비등하거나 오히려 더 뛰어나 아마존에서 히트상품이 될 정도로 잘 팔렸다. 그러나 패션계 및 유명 인사들은 이 캐리어에는 열광하지 않았다. 그들은 왜 라덴 캐리어에만 열광했을까?

그 이유는 디자인이었다. 라덴 캐리어는 기존의 투박하고 천편일률적인 모양과 색상에서 벗어나, 유선형의 날렵하고 심플한 디자인, 10~13가지 화사한 컬러에 취향에 따라 유광과 무광을 선택할 수 있다. 크기는 22인치와 28인치 두 가지이며 가격은 295~395달러 선이다. 쌤소나이트와 비슷하거나 조금 비싼 수준이고, 리모와의 3분의 1 가격이다. 종합적으로 볼 때 스마트한 기능과 심플한 디자인, 다양한 컬러 선택, 합리적인 가격이 사람들을 열광시킨 셈이다.

2018년 1월 1일부터 미국의 항공사들이 리튬이온배터리를 사용하는 스마트 캐리어의 기내 반입을 금지하면서 라덴 캐리어는 현재 생산을 중단한 상태다. 그러나 우다슈킨은 여행용 캐리어를 쓸 때 누구나 가졌을 법한 익숙한 불편을 적극 개선함으로써 보편적인 필요로 전환했다. 불만이 새로운 비즈니스를 연 원동력으로 작용한 것이다.

메트로폴리탄 오페라,
실황 중계에 투자하다

미국 뉴욕 메트로폴리탄 오페라Metropolitan Opera는 1880년에 시작된 이래 매년 200회 이상 상연하며 꾸준히 사랑받아온 세계 최고의 오페라단 중 하나다. 하지만 누구나 이 공연을 볼 수 있는 것은 아니다. 티켓 가격이 대략 80~400달러로, 괜찮은 자리에서 보려면 최소 200달러 이상은 지불해야 하기 때문이다. 이는 중산층에게도 부담스러운 액수다. 이 금액을 지불할 만큼의 여유가 있는 사람들만 오페라를 즐기다 보니 상류층이 즐기는 고급 문화라는 이미지가 더욱 강해졌고, 관객들은 오페라에 점점 더 흥미를 잃게 되었다. 이는 결국 오페라단의 위기를 불러왔다. 2000년 이 뉴욕 메트로폴리탄 오페라는 미국, 캐나다를 포함해 전 세계 70여 개국 2200여 개 영화관에서 중계함으로써, 새로운 공연 문화를 만들었다. 사진은 메트로폴리탄 오페라 '메트: 라이브 인 HD' 포스터(위)와 메트로폴리탄 오페라 스튜디오에서 전 세계로 방송하기 전 리허설을 하는 모습(아래)이다.

전까지 90%를 넘던 티켓 판매율은 계속 줄어 2005 ~ 2006년 시즌에는 77%까지 떨어졌다. 매출도 정체되고 적자도 지속되었다.

2006년 8월 단장으로 취임한 피터 겔브Peter Gelb는 티켓값에 대한 관객들의 불만을 간과하지 않고 큰 결단을 내렸다. 그는 오페라단의 공연을 전 세계 극장에 고화질로 생중계하겠다고 선언했다. 공연장에서 직접 보려면 수백 달러가 드는 오페라를 전 세계 영화관에서 영화표 가격으로 누구나 즐길 수 있게 하겠다는 것이었다. 피터 겔브가 모델로 삼은 것은 뉴욕 양키스 경기의 온라인 중계였다. 그는 야구도 온라인으로 보는 시대에 오페라도 그러지 말라는 법은 없다고 생각했다. 양키스 팬만큼이나 오페라 애호가들도 열성적이어서 영화관에서 공연을 상영해도 충분히 성공할 수 있다고 보았다. 또한 극장의 대화면과 고화질 영상 기술, 향상된 음향 기술 덕택에 공연장의 생생함을 영화관에서도 충분히 느낄 수 있다는 점도 이유가 되었다. 그렇게 2006년 말 '메트: 라이브 인 HDThe Met: Live in HD'가 시작되었다.

전 세계의 오페라 애호가들이 매번 공연을 보러 뉴욕까지 날아가는 대

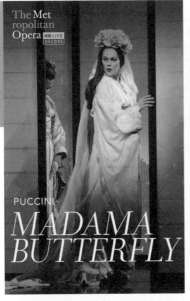

신, 자신이 사는 도시의 영화관에서 메트로폴리탄 오페라의 공연을 보는 것은 꽤 매력적인 일이었다. 결과는 성공적이었다. 처음에는 미국, 캐나다 100여 곳과 영국, 일본, 노르웨이의 일부 영화관에서 시작했던 것이 현재는 전 세계 70여 개국 2200여 개 영화관에서 매년 수백만 명이 보고 있다. 티켓 판매율은 다시 90% 선을 회복했는데, 영화관에서 '메트: 라이브 인 HD'를 경험한 이들이 뉴욕에 가면 반드시 링컨센터에서 직접 공연을 보고 싶어 했기 때문이다. 오페라 관람의 문턱을 낮추면서 결과적으로 관객층이 더 두터워진 것이다. 실제로 2006년 이전에는 메트로폴리탄 오페라의 공연을 링컨센터에 가서 직접 본 적이 없었던 나도, 한국에서 '메트: 라이브 인 HD'를 접하고 나서는 뉴욕에 갈 때마다 링컨센터를 꼭 들르곤 한다. 또 서울에서도 오페라를 더 다양하게 즐기게 되었다.

'메트: 라이브 인 HD'의 성공으로 2009년에는 영국 국립극장^{Royal National Theatre}이 고화질 생중계 'NT 라이브^{NT Live}'를 시작했다. 덕분에 유명 배우 베네딕트 컴버배치가 주연한 연극 〈햄릿〉을 전 세계 사람들이 볼 수 있었다. 수십만 원짜리 공연을 10분의 1 가격으로 볼 수 있게 되면서 관객의 관람 기회도 확대되었다. 2016~2017년 시즌에 총 24편의 공연이 무대에 올랐으며 93%의 객석 점유율을 기록했다. 영국에서만 500여 개, 전 세계 60개국 2천 개 극장에서 'NT 라이브'가 상영되었음에도 국립극장의 관객 수는 줄지 않았다. 라이브를 본 사람이 전 세계 5500만 명이나 되니 그만큼 영국 국립극장의 브랜드 가치도 높아지고 글로벌 비즈니스 기회 또한 많아졌다. 이 성공은 전 세계 수많은 공연 단체들에 영향을 미쳤는데, 이제

대부분의 유명 공연이 고화질로 생중계된다 해도 과언이 아니다. 덕분에 공연 문화의 저변이 넓어지고 공연 산업의 시장도 더 커졌다.

'메트: 라이브 인 HD'나 'NT 라이브' 모두 반복 촬영이나 후반 편집 작업이 없다. 촬영을 하는 공연에서는 분장, 음향, 조명도 생중계에 최적화되도록 조절하고, 촬영 카메라 때문에 일부 객석은 폐쇄하기도 한다. 마치 스포츠 경기 중계 같다. 이렇듯 생생한 현장 상황을 그대로 전달해야 관객들이 실제 공연을 보듯 몰입하기에 좋다. VIP석에서나 볼 수 있는 구도를 누구나 볼 수 있으며 근거리와 원거리를 오가며 다양한 각도로 공연을 볼 수 있다. 특히 클로즈업으로 배우의 얼굴 표정까지 자세히 볼 수 있는 것은 고화질 생중계만의 확실한 장점이다. '메트: 라이브 인 HD'는 10~12대, 'NT 라이브'는 5~8대의 4K 카메라가 촬영에 투입된다. 공연 중계 기술도 계속 진화하고 있는데, 심지어 가상현실을 통한 공연 구현도 시도되고 있다. 공연장에 앉아 있는 듯한 가상현실에서 공연을 생생하게 즐길 날도 머지 않았다. 앞으로의 공연과 콘텐츠 분야에서 공연 중계는 중요한 흐름으로 자리 잡게 될 것이다.

메트로폴리탄 오페라는 급진적으로 디지털 비즈니스 환경을 받아들이고, 공연 문화를 바꿀 정도로 큰 성공을 거두었다. 피터 겔브는 오페라 공연을 보려면 당연히 비싼 가격을 지불해야 한다는, 그동안 불만이라고 생각지도 못했던 점을 수면 위로 꺼내 올렸다. 그리고 발전된 기술을 통해 이 문제를 효과적으로 개선함으로써 오페라단의 위기를 극복할 수 있었다.

세상에 당연한 불편은 없다

헬스클럽에 회원 등록을 하면 처음 일주일은 열심히 간다. 하지만 오래가지 않는다. 매일 같은 음악을 배경으로 같은 운동을 반복하다 보면 재미없고 지루하고, 그러다 보면 헬스클럽을 가는 횟수가 점점 줄어들다가 결국 회비만 날리게 된다. 하지만 헬스클럽은 재미없는 곳이고 평범한 사람들은 운동을 지속하지 못하는 것이 지극히 당연한 일일까? 우리에게 헬스클럽이 좀 더 재미있고 흥겨운 공간이라면 다이어트를 성공하기도 더 수월할 것이고 식스팩도 더 흔해질 텐데 말이다. 누구나 해봤을 법한, 그러나 그냥 넘겼을 생각을 직접 실현해낸 사람들이 있다.

헬스클럽에서 만난 연예기획사 매니저 줄리 라이스Julie Rice와 부동산 중개업자 엘리자베스 커틀러Elizabeth Cutler가 바로 그들이다. 이들은 클럽 같은 분위기에서 실내자전거를 타는 헬스클럽 소울사이클SoulCycle을 열었다. 여기서는 트레이너나 코치를 '록 스타'라고 부른다. 기존 헬스클럽과의 차별화를 위해 체육 전공자가 아니라 패션 전공자, 디자이너, 배우, 댄서 등 다양한 배경을 지닌 사람들을 록 스타로 뽑는데, 8주간 피트니스와 업무 관련 지식을 교육한 후 현장에 투입한다. 록 스타는 라이브DJ처럼 마이크로폰 헤드셋을 끼고 직접 음악을 선곡해 고객들의 흥을 돋우고 그들로 하여금 페달을 돌리고 상체를 격렬히 흔들며 질주하게 한다. 고객들을 즐겁게 해주어 운동이 지루하지 않게 만들어서 계속 운동하게 하는 것이 이들의 핵심 임무다. 이 헬스클럽에서 코치의 역할은 즐거움을 담당하는 것이다. 고객들은 매회마다 이용권을 구매하는데 45분에 30달러 이상(뉴욕은 34달러)이고 신발 대여 3달러, 생수 2달러, 운동복 50~150달러, 신발 구입 125달러. 심지어 소울사이클에서 사용하는 실내자전거도 2200달러에 살 수 있다. 소울사이클의 매출은 2012년 3620만 달러(순익 780만 달러), 2013년 7530만 달러(순익 1860만 달러), 2014년 1억 1200만 달러(순익 2650만 달러)로 증가 추세가 계속되었다.

줄리 라이스와 엘리자베스 커틀러는 창업 5년 만에 미국 헬스클럽 체인 에퀴녹스Equinox에 지분을 팔아 각각 9천만 달러, 우리 돈으로 약 1천억 원의 매각 수익을 얻었다. 지루한 헬스클럽을 경험한 수천만, 아니 수억 명 중에 단 두 명만이 그 불만을 직접 해결했다. 흥미롭게도 그녀들이 생각한 경쟁업체는 넷플릭스Netflix였다. 그녀들은 만약 운동이 넷플릭스에서 영화를 보는 것처럼 재미있기만 하다면 운동을 안 하려 핑곗거리를 찾는 일도 그만큼 줄어들 것이라 생각한 것이다.

한편 소울사이클에 또 다른 불만을 가진 이들이 있었다. 소울사이클 마니아였던 존 폴리 부부는 아이가 태어나고부터는 운동하러 갈 시간을 낼 수 없었다. 아이를 키우는 부부들 대다수가 그런 상황을 맞닥뜨리지만 보통은 불만을 삭이고 운동을 포기하고 만다. 하지만 존 폴리는 달랐다. 그는 생각했다. 각기 집에 있는 실내자전거를 네트워크로 연결시키면 소울사이클에 모여 다 같이 자전거를 타는 것과 비슷한 효과가 나지 않을까?

그렇게 해서 탄생한 회사가 실내자전거와 온라인 콘텐츠를 함께 파는 펠로톤Peloton이다. 펠로톤이 파는 실내자전거의 가격은 1995달러로, 22인치의 고화질 태블릿 PC가 부착되어 있으며 미니 컴퓨터가 내장되어 분당 회전수, 속도, 달린 거리 등의 데이터를 수집해 펠로톤으로 전송한다. 온라인으로 강사의 수업을 실시간 보면서 자전거를 타는데, 강사는 사용자의 운동량과 페달 속도를 실시간 확인하며 마치 눈앞에 있듯 특정 고객에게 말할 수 있다. 함께 모여 탐으로써 극대화되는 소울사이클의 효과를 네트워크로 구현한 셈이다. 아울러 콘텐츠 구독료로 월 39달러만 지불하면 4천여 개의 영상을 무제한 시청할 수 있다. 체인 호텔의 객실에도 실내자전거와 콘텐츠를 공급하고 펠로톤의 자전거를 구입하지 않더라도 스마트폰 앱을 통해 펠로톤 콘텐츠는 이용할 수 있게 해놓았다. 펠로톤은 헬스클럽인 동시에 자전거 제조업체이자 동영상을 제작하는 미디어업체, 콘텐츠를 공급하고 유통하는 소프트웨어업체다. 2016년에는 매출 1억 7천만 달러를 달성했고, 2017년 3억 2천만 달러의 투자를 유치할 당시 평가받은 기업가치만도 12억 5천만 달러에 달했다. 소울사이클에 대한 불만에서 시작된 기업이 어느새 소울사이클보다 더 큰 비즈니스가 된 것이다.

해결 방법에 집중하면
누구나 비즈니스를 시작할 수 있다

두 아들과 큰 개, 애완용 새 한 마리를 키우던 어느 여성은 아무리 치우고 닦아도 집 안이 깨끗해지지 않는 것이 스트레스였다. 아이를 키우는 데 전념하기 위해 직장을 그만두고 전업주부를 택했던 그녀는 끝없는 집안일에 점차 지쳐갔다. 그러던 중 그녀는 다른 방법으로 이 문제를 돌파할 궁리를 하기 시작한다. 바로 집 안을 깨끗하게 만드는 데 집중하지 않고 더러운 것을 덜 보이게 하는 방법을 찾기로 한 것이다. 그녀는 얼룩이 생겨도 잘 보이지 않도록 바닥과 벽을 어둡게 칠하고, 관리가 많이 필요한 커튼은 없애버렸다. 그리고 소파와 쿠션을 강렬한 색깔로 바꾸어 그쪽으로 시선이 가도록 했다. 이윽고 그녀는 더러움을 감추는 인테리어 노하우를 많이 지닌 사람으로 알려지기 시작했고, 애완견을 키우거나 맞벌이로 바쁜 부부를 위한 인테리어 전문가로 유명해졌다. 그녀는 벽의 얼룩이나 흠집을 칠로 손쉽게 가릴 수 있는 페인트 펜을 발명했고, 그 제품은 히트상품이 되었다. 만약 그녀가 집 안을 어지르는 가족들에게 화만 내거나 스트레스를 받는 것에만 그쳤다면, 아마도 그녀의 불만이 새로운 필요를 만들어내지는 못했을 것이다.

여기까지가 킨사이트의 1단계였다면, 그녀는 한 단계 더 나아가 아예 새로운 가구를 직접 만들기로 한다. 애초에 잘 오염되지 않는 소재로 가구를 만들어야겠다고 생각한 그녀는 수소문 끝에 건강 관리를 위한 기능성 직물을 만드는 회사를 찾아내어 가정에 적합한 방습성, 냄새 방지, 항균성, 땀과 침 등의 체액 처리 기능을 갖춘 직물을 주문한다. 바로 물에 적신 스펀지만으로도 깨끗하게 닦이고 방수 효과도 좋은 크립톤 원단이었다. 일반 코팅 원단과 비교하면 쓰면서 벗겨질 우려가 없어 내구성이 탁월했다. 그러고 나서 노스캐롤라이나의 가구 제조업체를 찾아 자신의 요구 사항에 따라 소파와 의자를 샘플로 제작했다. 불만을 해결하려는 구체적 노력이 실제 제품으로 구현된 것이다.

그녀는 직접 만든 소파를 자기 집 거실에서 먼저 써보았다. 과일주스나 땅콩버터가 소파에 묻어도 쉽게 얼룩지거나 오염되지 않는 것을 확인한 그녀는 이 제품을 곧바로 뉴욕의 건축디자인전시회 Architectural Digest Design Show 에 선보인다. 그리고 거기서 샘플 제품의 완판은 물론이고 추가로 7만 5천 달러 주문을 받으며 화려하게 데뷔했다. 가정집뿐만 아니라 콘도미니엄, 사무실 등에서도 그녀의 가구를 구입해 갔고, 메릴랜드 대학교에서는 학생 라운지와 예배당에 이 소파를 사용하기 시작했다.

이것이 바로 2010년 데비 와이너 Debbie Wiener 가 설립한 미국의 가구 회사 슬롭프루프 Slobproof 의 창업 스토리다. 회사명 슬롭프루프는 게으름뱅이를 뜻하는 'Slob'에 내구성을 뜻하는 'Proof'를 합친 말이다. 게으른 사람들이 오랫동안 청소하지 않고도 잘 쓸 수 있는 가구를 판다는 의미를 회사명에 직설적으로 담아냈다. 청소를 해도 해도 끝이 없고, 쉽게 지저분해지는 집 안에 대한 불만이 가구 회사를 창업하게 만든 원동력으로 작용한 셈이다. 집안일에 힘을 덜 들이면서도 깔끔한 환경을 유지하고 싶어 하는 소비자들의 일상을 바꿔줄 탁월한 생각이 아닐 수 없다. 신용카드가 정지될 정도의 생활고를 겪었던 그녀는 집에서 겪은 불편과 불만을 그냥 넘기지 않은 덕분에 자신의 인생을 바꿀 수 있었다.

●

불만을 구체화하는 습관이 있다

직장에 다니며 대학원 공부를 병행하고 있던 카트리나 레이크Katrina Lake는 어느 날 검은 드레스 한 벌이 필요했다. 그러나 시간과 품을 덜 들이려고 온라인 쇼핑몰에 들어간 그녀는 옷을 고르기도 전에 화면을 가득 메운 수백 장의 옷 사진을 눌러보다 지치고 말았다. 그녀는 생각했다. 어차피 필요한 옷은 검은 드레스 한 벌뿐인데, 누가 알아서 나에게 맞는 옷을 골라줄 수는 없을까? 원래 쇼핑이 그런 거라고 지나쳐버릴 수도 있었지만 이 여성은 예민한 눈으로 이 문제를 검토했고, 자신과 비슷한 고민을 하는 사람들을 위한 비즈니스를 시작했다. 이것이 바로 스티치픽스Stitch Fix의 탄생 비화다.

스티치픽스는 여느 온라인 쇼핑몰과는 다르게 고객에게 파는 옷을 보여주지도, 직접 고르게 하지도 않는다. 대신 취향에 맞는 옷을 선택해준다. 이를 위해 고객은 키, 몸무게 등 기본적인 신체 치수를 입력하고, '파인 옷을 좋아하는가 막힌 옷을 좋아하는가?', '유행을 따르는가 자신만의 스타일을 고수하는가?', '청바지가 좋은가 드레스가 좋은가?'처럼 자신이 선호하는 스타일에 대한 질문뿐만 아니라 외출 빈도나 데이트 빈도, 기념일 여부 등 라이프스타일에 관한 질문에 답해야 한다. 그 후에 그에 맞는 스타일링 샘플이 제시되면 좋아하는 스타일인지 싫어하는 스타일인지 체크한다. 이렇게 작성한 스타일 프로필을 바탕으로 인공지능이 옷을 추천하고, 그다음 전문 스타일리스트가 인공지능이 추천한 옷들 중 다섯 벌을 골라 고객에게 배송한다. 이 과정에서 스타일링 비용 20달러가 부과되고, 고객은 배송받은 옷들 중 마음에 드는 것만 구입하고 그 외는 반품하면 된다. 다섯 벌 중 한 벌이라도 사면 스타일링 비용은 면제되고, 다섯 벌 모두 사면 25% 할인해준다. 옷 가격은 한 벌당 평균 55달러다. 놀랍게도 80%의 고객이 한 개 이상의 옷을 구입하고 80%의 고객이 첫 구매 후 90일 내에 재구매한다. 2011년 11월 창업한 이래 스티치픽스는 2014년 3천만 달러를 비롯, 총 4675만 달러의 투자금을 유치했다. 여성 의류에서 시작해 임부복, 아동복, 신발로 사업을 확장해갔고, 2016년부터는 남성 의류도 시작했다.

2015년에는 연매출 2억 5천만 달러를 달성했고, 2016년 연매출은 전년 대비 50% 정도 증가했을 것으로 추정된다. 5천 명의 직원들 중 데이터 과학자가 70명 이상, 스타일리스트가 3천 명 이상이다. 초창기에는 사이즈나 색상 같은 기본적인 분류를 가지고 필터링하는 수준이었다면,

What do you think of the style below?

[▾]

What do you think of the style below?

[▾]

▶ 스티치픽스 홈페이지에서는 고객의 취향에 맞는 옷을 정확하게 큐레이션 하기 위해, 여러 패션 스타일 샘플을 보여주고 선호도를 질문한다. 이런 식으로 스타일 프로필을 작성하면, 인공지능으로 옷을 추천하고, 전문 스타일리스트들이 다섯 가지 옷을 골라서 보내준다.

2012년 넷플릭스의 데이터 과학 부회장 에릭 콜슨Eric Colson를 영입해 데이터 과학자 팀을 대규모로 조직한 후부터는 인공지능 머신러닝을 도입하여 훨씬 정교한 추천을 하게 되었다.

소비자들은 이러한 큐레이션 서비스를 통해 스스로도 몰랐던 자기 취향을 발견할 수 있다. 늘 비슷한 스타일만 고수했던 이유가 진정 자기가 원해서가 아니라 이전부터 선택해왔던 관성이나 익숙함 탓일 수도 있기 때문이다. 혹은 새로운 스타일에 도전하고 싶은데 방법을 몰랐던 것일 수도 있다. 자기만의 스타일이 확고하고 패션에 민감하며, 안목과 취향도 탁월하고 쇼핑에 쓸 시간도 충분한 이들에게는 이런 쇼핑몰이 필요 없을 것이다. 그러나 세상에 존재하는 모든 사람에게 파는 것이 비즈니스가 아니다. 사실 비즈니스는 팔아야 할 대상과 그렇지 않은 대상을 구분하는 것에서부터 시작된다. 불편과 불만을 구체화하여 해결 방법을 찾으려 할 때, 팔아야 할 대상을 정확히 알 수 있고 비즈니스의 방향을 제대로 세울 수 있다.

땀이 많은 운동선수는
자신의 불만을 어떻게 해결했을까?

미국 메릴랜드 대학교의 미식축구 선수 케빈 플랭크Kevin Flank는 연습 후 땀을 고스란히 흡수해 몸에 쫙 들러붙는 면 티셔츠에 항상 큰 불편을 느꼈다. 매 쿼터마다 티셔츠를 갈아입는 것도 일이었다. 한번은 연습 전과 후 티셔츠의 무게를 재보니 1.4kg이나 차이가 났다. 땀을 덜 흡수하고 잘 배출하는 옷이 있다면 더 가볍고 더 빠르게 뛸 수 있을 거라 생각한 그는 직접 원단 가게를 돌아다니면서 자기 아이디어에 맞는 천을 물색했고, 마침내 면보다 땀을 훨씬 잘 배출하는 합성섬유를 찾아냈다. 그는 재단사에게 450달러를 주고 이 천으로 일곱 가지 프로토타입을 만든 후 팀원들에게 샘플을 나눠주고 피드백을 받았다. 대학 졸업 후 프로 입단을 포기하고 스포츠웨어를 만드는 사업 쪽으로 진로를 바꾼 그는 뉴욕의 원단 시장과 봉제 공장을 샅샅이 찾아다니며 전신에 밀착하는 운동복을 개발했다. 옷 감이나 제조, 판매 등에 관련해 어떤 전문지식도 갖추지 않은 그가 운동 선수라면 누구나 겪었을 사소한 불만을 해소하기 위한 사업을 벌이게 된 것이다. 그는 드디어 1996년 스포츠웨어 브랜드 언더아머 Under Armour를 설립했다.

언더아머는 2016년 기준 연매출이 50억 달러, 시가총액이 120억 달러에 이른다. 운동선수가 땀 찬 운동복을 그냥 지나치지 않았던 덕분에 만들어낼 수 있었던 가치다. 처음에는 미식축구 선수들만 언더아머를 입었지만 점점 확대되어 야구 선수와 농구 선수 등에게로 퍼졌다. 이어 운동선수 팬들과 일반인들에게도 언더아머가 사랑받기 시작했다. 기존의 스포츠웨어 브랜드는 운동선수의 이너웨어에는 따로 신경을 쓰지 않았는데, 그는 선수로 활약했던 경험을 바탕으로 속옷 개발에 많은 돈을 투자했다. 다른 스포츠 의류 브랜드들이 화려한 디자인에 신경 쓸 때, 언더아머는 편리함과 기능성을 중요시했다. 스포츠 의류 시장에서 인정받은 후 2006년부터는 축구화를 시작으로 운동화 시장에도 뛰어들었다. 언더아머는 어느새 나이키 Nike와 아디다스 Adidas에 견줄 만한 스포츠 브랜드로 발돋움했다.

마케팅을 할 때도 당대 최고의 선수 위주로 지원하던 경쟁사들과 달리, 유망주 지원에 힘을 쏟았다. 장차 성공 신화를 함께 써나갈 수 있는 가능성 있는 선수 중심으로 모델을 채택한 것이다. 언더아머는 여전히 운동선수들과 끊임없이 피드백을 주고받는다. 지속적으로 운동선수들의 불편과 불만을 모니터해서 이에 대응하는 것이다. 결국 모든 문제는 현장에 있으며 소비자들에서 나온다는 것을 보여주는 기업이다.

2016년 4분기까지, 창업 이래 26분기 연속 20%가 넘는 매출 성장률을 기록하고 있는데, 이 기록은 앞으로도 계속 이어질 가능성이 크다. 스포츠 용품 시장은 전형적인 레드오션으로 전 세계 수많은 브랜드가 수십 년간 치열하게 경쟁해왔다. 그 분야에 뒤늦게 뛰어든 기업이 수많은 경쟁자들을 물리치고 이토록 승승장구하는 것은 정말 어려운 일이다. 현재 언더아머는 미국 스포츠용품 기업 중 나이키에 이어 2위다. 세계적으로도 나이키 다음가는 브랜드로 입지를 다지면서 기존의 스포츠 브랜드들을 밀어내고 있다. 2015년 《포브스》가 발표한 '세계에서 가장 혁신적인 기업' 9위에 올랐는데, 10위권 내 유일한 스포츠 브랜드이기도 했다. 결국 생생한 경험에서 비롯된 구체적인 불만이야말로 강력한 비즈니스 무기다. 소비자의 불만에 예민한 기업들은 문제 해결에 적극적일 수밖에 없고, 소비자를 새롭게 만족시키면 자연히 소비자들의 지지를 받게 될 것이다.

실수로 문자 메시지를 잘못 보내
고민하는 친구들 때문에 만든 서비스

경영학 분야의 대가 톰 피터스^{Tom Peters}는 저서 《리틀 빅 씽》에서 사소한 것에서 위대한 성공을 이끌어낼 수 있다고 말했다. 그의 말대로 스마트폰이 대중화되면서 사람들이 느꼈던 사소한 불만이 새로운 비즈니스를 만들어 큰 성공을 거둔 사례가 있다. 바로 스냅챗^{Snapchat}이다.

스마트폰이 일상적인 도구가 되면서 메신저로 주고받은 메시지나 사진 등 때문에 후회하는 경우가 생기곤 한다. 한순간의 실수로 보낸 메시지가 꼬리표처럼 따라다니며 나중에 후회로 남기 쉽다. 메신저로 대화해본 사람들이라면 한 번쯤은 '보낸 내용이 사라졌으면 좋겠다'는 생각을 해봤을 것이다.

ICQ, AOL 등을 필두로 한 메신저 서비스는 1990년대 후반부터 시작되었고, 문자 서비스나 채팅 서비스는 그보다 오래전부터 이용되어왔다. 즉 보낸 메시지가 지워졌으면 좋겠다는 불만은 오래되었지만 그 불만을 해결하려는 움직임은 2011년이 되어서야 시작되었다. 스탠퍼드 대학교에 재학 중이던 에번 스피걸^{Evan Spiegel}은 같은 학교의 보비 머피^{Bobby Murphy}와 의기투합해 수신자가 확인하면 메시지가 삭제되는 모바일 메신저 서비스를 만들어낸다. 2011년 9월, 이렇게 스냅챗이 출시되었다.

스냅챗에서 보낸 글과 사진은 발신자의 설정에 따라 1~10초 이내에 흔적도 없이 지워진다. 사생활 유출의 걱정이 없는 더 솔직하고 자유분방한 커뮤니케이션 도구인 셈이다. 10대들은 스냅챗에 열광했다. 특별히 홍보를 하지 않았음에도 10대들 사이에서 입소문이 나 2012년에는 월평균 사용자 수가 1천만 명을 넘어섰다.

▶ 미국 10~20대의 전폭적인 지지를 받는 스냅챗은 페이스북 CEO 마크 저커버그의 인수 제안을 거절하고 2017년 초 기업공개(IPO)에 성공했다.

월평균 사용자 수는 계속 증가하여 2013년 3300만 명, 2014년 1억 명, 2015년 1억 8천만 명, 2016년 3억 명을 넘는 기록을 세웠다. 2015년 《포브스》가 뽑은 '직원 1인당 기업가치'가 가장 큰 회사이기도 했다. 창업자 스피걸은 자산가치가 15억 달러로 2015년 세계 억만장자 순위에서 세계 최연소 억만장자로 꼽혔다. 상장 직후 자산가치가 60억 달러로 추정되어 억만장자 순위도 크게 올랐다. 2017년 3월 2일에는 스냅챗의 모기업 스냅 Snap이 뉴욕증권거래소에 상장되었다. 시가총액 300억 달러 규모로 공동 창업자인 CEO 스피걸과 CTO 머피가 각각 20%씩 주식을 갖고 있다. 심지어 스냅챗 직원 중 최소 100명 이상이 백만장자가 되었다.

이들뿐만 아니라 스냅챗의 성공적인 IPO에 전혀 연관 없어 보이는 숨은 수혜자가 하나 있다. 바로 세인트 프랜시스 고등학교다. 이 학교는 2012년 스냅챗에 1만 5천 달러를 투자했는데 5년이 안 되어 4100만 달러가 되었으니 수익률만 2733배에 달한다. 어떻게 이 고등학교는 스냅챗에 투자할 생각을 했을까? 2012년 당시 이 학교에 재학 중이던 어느 학생의 아버지 때문이었다. 그는 자기 딸이 매일 스냅챗으로 대화하는 것을 보고 이 회사가 유망하리라 판단했고, 스냅챗 공동 창업자를 만나기에 이른다. 그는 스냅챗에 48만 5천 달러를 투자하고, 그중 1만 5천 달러는 학교 운영 기금에서 투자하게 했다. 학교 발전위원회 위원장도 맡고 있던 이 사람은 바로 라이트스피드 벤처 파트너스Lightspeed Venture Partners의 설립자 배리 에거스Barry Eggers였다. 세인트 프랜시스 고등학교는 학부형을 잘 둔 덕분에 천금 같은 기회를 잡고 막대한 교육 운영 자금을 확보할 수 있었던 셈이다. 배리 에거스가 자기 딸이 무엇에 열광하는지 잘 관찰했다는 것도 주목할 만하다. 딸을 잘 지켜본 덕분에 스냅챗에 투자해 막대한 이익을 거둘 수 있었으니 말이다.

아이디어가 모든 것을 해결해주진 않는다. 사실 휘발성 메시지 기능은 한국에서도 오래전부터 관심을 가졌던 아이디어 중 하나일 만큼, 아이디어 자체는 평범했다. 다만 그것을 구현할 기술과 사업화가 관건이었다. 2011년 모 방송국의 청년 창업 오디션 프로그램에 심사위원으로 참여한 적 있었는데, 그때도 휘발성 메시지를 사업 아이디어로 낸 참가자가 있었다. 하지만 변리사를 비롯한 전문가들이 사업성을 검토하는 단계에서, 당시 모 통신사가 휘발성 메시지의 특허를 가지고 있어 이 문제를 풀지 않고는 국내에선 사업화가 어렵다는 판정이 나왔다. 국내의 모 통신사가 이미 스냅챗보다 먼저 기술을 개발 중이었던 셈인데, 결국 사업화로 확장시키진 못했다. 누가 더 절박하게 적극적으로 고민을 해결하려 들었는지의 차이다. 스냅챗이 보여준 탁월한 비즈니스도 결국은 일상의 작은 불만에서부터 시작된 것이다.

택시 잡는 게 짜증났던 남자,
사업을 벌이다

트래비스 캘러닉 Travis Kalanick 이 우버 Uber 를 창업한 배경은 이미 잘 알려져 있듯 파리 출장 중에 택시를 잡기 어려웠던 개인적인 경험이었다. 그는 차량이 필요한 사람과 차량을 제공하는 사람을 연결해주는 애플리케이션을 개발하며 스타트업을 시작했다. 자신이 겪은 불편한 경험을 간과하지 않고 스마트폰이 만들어갈 미래를 적극적으로 바라본 그가 택시를 대체할 새로운 비즈니스를 만들어낸 것이다. 비즈니스의 판을 바꾼 이 위대한 생각의 시작은 의외로 단순했다. 사실 그만 이런 불편을 겪었거나 스마트폰의 미래를 그려본 것이 아니다. 샌프란시스코나 뉴욕에서 IT스타트업에 뛰어들었거나 뛰어들 채비를 한 이들이라면 스마트폰이 비즈니스의 미래를 어떻게 바꿀지에 대해 한 번쯤 생각해보았을 것이다. 적어도 수백 명, 아니 수천 명이 머릿속에 우버와 같은 비즈니스 모델을 그려보았을 것이다. 너무 앞선 시기라 생각을 현실로 옮기지 못했을 수 있고, 생각에만 멈춰 있느라 우버보다 실행이 늦었을 수 있다. 그러고는 분명 우버를 보면서 '아, 나도 저런 생각했었는데!'라고 외쳤을 것이다.

유독 트래비스 캘러닉만이 생각에서 멈추지 않고 탁월한 비즈니스로 성공시킬 수 있었던 이유는 무엇일까? 늘상 힘들게 택시를 잡아야 했던 파리나 뉴욕, 런던에 사는 사람들 중 트래비스 캘러닉 같은 인물이 나오지 않았던 이유는 무엇이었을까? 일상 속에서 반복적으로 겪는 불편은 개선시켜야 할 불편으로 여기기가 힘들기 때문이다. 우리는 너무 금세 익숙해진다. 불편마저 반복되면 문제의식이 줄어든다.

2009년 3월에 창업한 우버는 2016년 8월 기준으로 전 세계 66개국 507개 도시에서 이용한다. 서비스 시작 6년 만에 승차 누적 횟수가 10억 회를 돌파하고 이후 불과 6개월 만에 20억 회를 돌파했다. 《포브스》가 2015년 12월 평가한 우버의 기업가치는 680억 달러(약 78조 원)에 달한다. 2016년 6월 우버가 사우디아라비아 국부 펀드로부터 35억 달러 투자를 유치할 때 기업가치는 625억 달러(약 72조 원)였다. 페이스북^{facebook}의 기업가치가 500억 달러를 넘어선 것은 창업한 지 7년째 되던 해였는데, 우버는 5년 만에 그 기록을 이뤄냈다. 2015년 8월 《월스트리트저널》이 우버의 기업가치를 500억 달러에 육박한다고 보도했을 때 지엠^{GM}의 시가총액은 약 460억 달러였다. 당시 우버의 직원은 1천 명, 지엠은 약 30만 명이었다. 세계적인 렌터카 회사 허츠^{Hertz}의 시가총액이 74억 달러였던 것과 비교하면 우버의 기업가치가 무려 일곱 배 이상이나 컸다. 이후 허츠와 우버의 격차는 더 벌어졌는데 2017년 7월 중순 허츠의 시가총액은 약 13억 달러로, 우버의 기업가치(680억 달러)와 무려 52배 이상 차이가 난다. 렌터카 회사의 급락은 우버 때문이기도 하다. 1918년에 세워진 허츠도 세상의 불편함을 해소시키기 위해 시작된 비즈니스였지만 우버를 비롯한 새로운 대체자들에 의해 쇠락하고 있다.

우버는 한국에서 불법 택시로 규정되어 사업을 철수했고, 한국뿐 아니라 여러 나라에서 택시업계와 날을 세우고 있다. 렌터카업계도 우버를 미워하며 심지어 배송업계도 우버를 경계한다. 이들 모두 우버 때문에 기존 비즈니스에 타격을 입기 때문이다. 세상에 제일 힘든 비즈니스는 존재하지 않던 새로운 것을 파는 게 아니라 기존의 틀을 완전히 바꾸고 파괴하는 것이다. 렌터카나 택시만 타본 사람들은 우버의 편리함을 실감하지 못한다. 하지만 해외에서 우버를 이용해본 사람들은 택시가 얼마나 불편한지 새삼 느낀다. 우버가 국내 택시업계의 반발로 쫓겨났지만, 불편이 존재하는 이상 우버는 언젠가 다시 들어올 수밖에 없다.

스티브 첸^{Steve Chen}이 유튜브^{YouTube}를 창업한 이유도 동영상 검색이 불편했기 때문이다. 검색도 어려울 뿐더러 응용프로그램을 따로 설치하지 않으면 업로드나 다운로드도 하기 어려웠다. 자연히 일반 인터넷 유저들에게는 동영상의 접근성이 떨어졌다. 그는 이를 해결할 방법으로 동영상만을 쉽게 검색하고 공유하는 서비스를 만들었는데, 이 서비스를 이용하면 굳이 프로그램을 깔고 다운로드하는 수고 없이 스트리밍만으로 동영상을 볼 수 있었다. 또 개인들이 자신들만의 영상 콘텐츠를 만들어 쉽게 공유하고 사람들의 반응을 볼 수 있게 됨으로써 인터넷 문화 자체가 완전히 바뀌었다.

2005년 2월 창업한 유튜브는 2006년 11월 구글^{Google}에 16억 500만 달러에 인수되었다. 일상에서 겪은 불편함을 참지 않고 해결해버린 스티브 첸은 창업 18개월 만에 억만장자가 되는 신화를 썼다. 2015년 뱅크오브아메리카^{BoA}는 유튜브의 기업가치를 당시 시점으로는 700억 달러(약 80조 5천억 원), 잠재적으로는 800억 달러에 이를 것으로 평가했다. 유튜브 사용자 수는 10억 명 이상이다. 탁월한 비즈니스의 시작은 지극히 사소하고 개인적인 불편함을 바꿔보겠다는 생각이었고, 그것이 새로운 시장을 만들었다.

준비된 자가 가진 예리한 눈보다
더 강력한 것은 없다

2016년 8월, 크라우드펀딩 사이트 킥스타터에서 목표 금액 5만 달러를 내건 사업 아이디어가 있었다. 놀랍게도 펀딩 시작 네 시간 만에 목표 금액을 돌파했고, 최종적으로 8117명에게 목표 금액의 30배나 되는 146만 9천 달러를 투자받았다. 역대 킥스타터 금액 기준으로 상위 0.003%에 해당한다. 그만큼 탁월한 아이디어였다. 바로 소리를 진동으로 바꿔주는 스마트밴드 '시그널' 이야기다. 이 밴드는 스마트워치나 일반 시계에서 모두 시곗줄 형태로 착용하는데, 스마트폰의 음성 신호를 내부의 블루투스로 받아서 진동으로 바꾼 후 손가락 끝으로 보낸다. 손가락을 귓바퀴 앞쪽 불룩 튀어나온 부위인 이주耳珠에 대면 진동이 귓속 공기와 만나 소리로 바뀌는 원리다. 통화 내용은 자기만 들을 수 있으며 나의 목소리는 밴드에 내장된 마이크를 통해 상대에게 전달된다. 세상에 없던 이 방식에 사람들은 열광했고 당연히 비즈니스 기회도 쏟아졌다. 그런데 어떻게 이런 탁월한 생각을 할 수 있었을까?

"술자리에서 한 선배가 스마트워치로 가족과 통화를 하더군요. 그런데 스피커폰 기능밖에 없다 보니 통화 내용이 주변에 다 들리는 거예요. 선배도, 주변 사람들도 다 같이 민망해했죠. 그날부터 쭉 생각했어요. 혼자만의 통화를 할 수 있는 방법을 찾고 싶었습니다."

《탑클래스》(2016년 12월호)와의 인터뷰에서 이놈들연구소 최현철 대표가 밝힌 개발 배경이다. 학부에서는 미디어영상을, 대학원에서는 뇌공학을 전공한 그는 시그널을 개발할 당시 삼성전자의 직원이었다. 탁월한 아이디어를 생각하고 구현해낼 만한 능력을 갖춘 인재였던 셈인데, 그보다 중요한 건 술자리에서 겪은 불편을 계속 생각하면서 이를 해결하려 했다는 점이다. 애초에 선배의 통화를 그냥 넘겨버렸다면 탁월한 아이디어도 시작될 수 없었다.

이번엔 숙박업 분야로 넘어가보자. 호텔은 예약이 되는데 모텔은 왜 예약이 안 되는 걸까? 모텔이 호텔보다 더 흔하고 일상적으로 이용되는데도 왜 주먹구구식으로 운영될까? 이런 의구심을 품고 위드이노베이션 심명섭 대표가 만든 숙박 예약 애플리케이션이 '여기 어때'다. 온라인과 오프라인을 연결하는 O2O(온오프 연계) 서비스로, 모텔을 비롯 펜션, 리조트, 게스트하우스 등 호텔만 빼고 모두 취급한다. 전국 3만여 곳의 정보를 제공하고 이 중 1만여 곳은 실시간 예약이 가능하다. 360도 VR 서비스를 통해 실제 객실 상태를 자세히 제공하는 서비스도 확대해가고 있다.

모텔은 예약이 안 되고, 사전 정보 없이 외관만 보고 선택해야 하며, 객실 상태를 확인할 수 없고 성수기엔 가격도 널뛰기하듯 뛰는 등 모텔에 대한 불평불만의 핵심은 불확실성이었다. '여기 어때'가 IT 기술을 접목해 이 불만을 해결하자 다른 숙박 애플리케이션도 속속 등장했고 숙박 예약 및 정보 제공 서비스는 당연한 환경으로 자리 잡았다. 하나의 기업이 산업의 방향을 바꿔놓은 셈이다. 대개 새로운 흐름을 만들어내서 그걸 정착시킬 만큼 영향력을 발휘하는 탁월한 비즈니스 접근은 기존에 있던 문제를 해결한 경우다. 결국 불만을 근본적으로 해결해주는 것이 비즈니스에서 핵심 무기라는 것이 여기서도 재확인된다. 심명섭 대표는 20대부터 창업을 계속해온 이른바 '연쇄 창업자'다. 여러 번의 창업을 통해 시행착오도 많이 겪으면서 문제 해결 능력을 계속 키워왔다. 준비된 자가 지닌 예리한 문제의식은 그동안 관성적으로 지나쳐왔던 불편들을 수면 위로 드러냄으로써, 수많은 사람들에게 보이지 않던 것을 보게 만들어주었다.

탁월한 아이디어는 멀리 있지 않다. 바로 우리 주변에 있다. 그것을 놓치지 않고 잘 볼 수 있는 관찰력과 예민한 안목이 중요하다. 비즈니스는 불편을 해소하는 것에서 시작된다. 우리의 불편과 불만을 해소해 더 나은 진화를 이끌어내는 것이 비즈니스의 목적이고, 그것이야말로 소비자와 시장이 비즈니스에 바라는 것이기도 하다.

●

비즈니스는 생각이 아닌 행동이 한다

매트리스 산업은 그리 첨단 산업으로 보이지 않는다. 스타트업으로 뛰어들기에 매력적인 분야로 여겨지지도 않는다. 수면의 질에 대한 현대인들의 불만은 점점 커지고 있지만, 매트리스의 기능은 크게 달라지지 않았다. 실제로 매트리스 산업의 운영 방식도 옛날 그대로다. 매트리스 구입 시 흔히 겪는 불편은 매장에서 잠시 누워보는 것으로는 그 매트리스가 자신의 몸에 잘 맞는지 알기 어렵고 큰 부피로 인해 배송과 반품에 불편함이 따른다는 것이다. 또 매장에서 괜찮은 매트리스를 사려면 가격이 너무 비싸다. 하지만 그동안은 이것이 꼭 바뀌어야 할 불편으로 여겨지지 않았다. 그런데 이 불편을 해결하는 것을 비즈니스로 삼은 남다른 이들이 있었다.

캐스퍼 Casper의 공동 창업자 필립 크림 Philip Krim과 제프 채핀 Jeff Chapin, 닐 패리시 Neil Parish는 뉴욕의 코워킹 스페이스에서 처음 만났다. 평소 늘 잠이 부족해 피곤하다는 말을 달고 살았던 이들은 숙면의 중요성을 논하다 자연스럽게 매트리스에 대한 이야기도 나누게 되었다. 매트리스를 구매할 때 전문적인 기술 이야기만 해서 구매 결정이 힘들고 복잡한 유통 구조 때문에 매트리스 가격이 너무 비싸다는 불만부터, 비싼 물건을 직접 체험해보지 못한 채 사야 하고 부피가 커서 이사할 때 힘들다는 등 본인들이 겪었던 매트리스에 대한 불만들을 쏟아냈다. 온라인으로 매트리스를 유통해 가격을 낮추려는 시도가 이전에 있긴 했지만 매트리스의 부피 때문에 배송과 반품에 어려움이 있다는 것도 지적되었다. 이렇게 서로가 공유한 불만을 가벼운 대화로 끝내지 않고 사업으로 잇게 된 데는 그들의 배경도 한몫했다.

필립 크림은 대학 재학 시절 메릭그룹Merrick Group이라는 이커머스 서비스를 창업해서 10년간 운영한 경험이 있었다. 직접 배송만 가능한 생산업체의 제품을 온라인으로 대신 판매해주는 중개 사업이었는데, 여기서도 매트리스는 인기 품목이었다. 제프 채핀은 아이디오IDEO의 디자이너로, 10년간 매트리스 제조업체 연구개발에 참여했던 이력이 있었다. 닐 패리시는 정형외과를 전공했는데 그의 아버지는 수면 전문의였다.

매트리스나 수면 관련 비즈니스를 하기에 최적의 조합이 아닐 수 없었다. 물론 매트리스에 불만을 품은 이들은 그동안 수없이 많았을 테고, 그중 이 정도 배경을 지닌 이들도 꽤 있었을 것이다. 그러나 그들은 그냥 불평만 하고 넘어갔거나 어쩔 수 없는 일이니 감수하자며 지나쳤을 것이다. 불평을 불평으로만 끝내느냐 적극적으로 해결하려 나서느냐의 차이만 있었을 뿐이다. 매트리스에 대해 누구나 가져보았을 흔한 불만을 이들의 실행력이 탁월한 비즈니스로 바꿔낸 것이다. 결국 비즈니스는 생각이 아니라 행동이 한다.

캐스퍼는 한 종류의 매트리스만 제작했는데, 기존 브랜드들처럼 너무 많은 매트리스를 팔면 소비자들이 그 많은 제품들을 제대로 구별해내지도 못할뿐더러, 브랜드와 가격만 따져 구입한다는 것이다. 이들은 연구 끝에 소비자가 원하는 매트리스는 등판을 든든하게 받쳐주면서도 탄력 있고 공기순환이 잘되는 쾌적한 매트리스라는 것을 알아냈다. 캐스퍼는 등판을 든든하게 지지하기 위해서 메모리폼을, 탄력과 공기순환을 위해 개방형 라텍스를 하나의 매트리스에 적용시켰다. 기존 매트리스가 한 가지 소재로만 만들어졌던 것에 비하면 파격이었다. 무엇보다 매트리스에 압축 기술을 적용해 기능의 손상 없이 소형 냉장고 크기의 박스에 들어갈 수 있게 만든 것이 결정적이었다. 부피 문제를 압축 기술로 해결해 일반 택배로도 쉽게 교환 및 반품이 가능하도록 했고, 배송비 문제까지 해결할 수 있었다.

가격은 싱글에서 킹까지 사이즈에 따라 500~950달러로 책정했다. 이들은 무조건 싸게 팔지 않고 좋은 매트리스를 온라인으로 판매해 가격 경쟁력을 확보하자고 생각했다. 매트리스는 한 번 사서 10년 정도 쓰는 소비자가 많은데, 너무 싼 매트리스는 오히려 품질이 나쁜 것이 아닌가 하는 인식 때문에 꺼리는 경향이 있기 때문이다. 한편 캐스퍼의 독보적인 서비스 중 하나가 100일 시험 서비스다. 구매 후 100일간 매트리스를 써보고 만족스럽지 않으면 환불이 보장된다. 반품에 따른 배송비도 무료다.

반품된 매트리스는 불우이웃을 돕는 데 쓰인다. 기존 회사들은 매트리스를 한번 파는 것으로 끝이었다. 하지만 캐스퍼는 생일을 맞은 고객에게 매트리스 커버를, 애완견을 기르는 고객에게 자투리 재료로 만든 강아지용 침대를 선물하는 등 고객 관리에 신경 썼다. 이런 서비스가 고객들 사이에서 입소문을 만들어냈고, 오히려 고객들이 나서서 캐스퍼 매트리스를 홍보하게 만들었다.

캐스퍼는 2014년 4월 창업한 후 첫 한 달 만에 100만 달러의 매출을 올렸다. 이후 벤처캐피탈로부터 7천만 달러 투자를 유치하는 등 창업 2년 만에 기업가치 1억 달러 이상을 평가받고, 창업 3년 만에는 매출 1억 달러 규모로 성장했다. 매트리스에 대한 불만으로 탁월한 비즈니스를 이끌어낸 캐스퍼는, 심지어 스스로 테크 기업이라고 말한다. 고객들 중 침대에 수면 정보 수집 장치 설치를 허락한 1만 5천여 명에게 맞춤형 수면 가이드를 제공하고, 이 데이터를 바탕으로 제품을 개선시켜나가고 있다. 매트리스에서의 경험을 바탕으로 베개, 이불 등 침구류로도 사업을 확장했고, 침실 소프트웨어 개발도 나섰다. 잠자는 것과 관련한 모든 것을 다루는

▶ 좋은 매트리스를 온라인으로 가격 경쟁력을 갖춰 팔자는 아이디어에서 출발한 캐스퍼는 큰 부피의 매트리스에 압축 기술을 적용해 매트리스를 택배로 쉽게 주고받을 수 있게 했다.

침실 관련 종합 기업이자 데이터를 이용한 테크 기업을 지향하고 있다.

비즈니스에는 경쟁자의 위협 등 수많은 변수들이 있다. 캐스퍼가 앞으로 얼마나 성장할지는 미지수다. 하지만 캐스퍼가 고객이 겪는 불편과 불만을 통해 어떤 식으로 자신들의 비즈니스를 바꿔가는지 앞으로도 계속 지켜볼 만하다.

●

문제를 해결하는 방법은 지식이 아닌 경험에서 나온다

불만이 구체적이어야 구체적이고 현실적인 해결 방법을 강구할 수 있다. 필요한 것은 경험이다. 무엇보다 자신이 겪은 일에서 문제를 찾아내는 것이 중요한데, 자동차와 관련한 불편은 자동차를 즐겨 타는 이들에게 더 잘 보이게 마련이다. 숙취로 인한 문제는 술을 많이 마셔 숙취로 고생해본 사람이 잘 알고, 집안일과 관련한 불편은 집안일을 직접 해본 사람이 잘 안다. 이렇듯 누구나 각자에게 더 잘 보이는 불편이 있게 마련이며 거기서 불만이 생긴다. 자신의 관심사나 전문 분야, 혹은 일상 속에서 자주 불편을 경험한다는 것은 불만을 해결할 방책을 찾을 기회도 자주 찾아온다는 것을 의미한다.

2007년 샌프란시스코에서 두 청년이 같이 살고 있었다. 갑자기 오른 아파트 렌트비를 감당할 능력이 안 되었던 그들은 남에게 방을 빌려줄 생각을 하게 되었다. 마침 샌프란시스코에서 열린 디자인 컨퍼런스 참석차 호텔을 구하던 디자이너 세 명에게 방을 빌려주고, 간이침대로 쓸 에어베드와 아침식사를 제공하는 댓가로 돈을 받기로 한다. 그리고 그 청년들과 디자이너들은 이내 친구가 된다. 이것이 에어비앤비 Airbnb 라는 탁월한 비즈니스가 탄생한 배경이다. 에어비앤비의 CEO 브라이언 체스키 Brian Chesky 와 CPO 조 게비아 Joe Gebbia 는 월세가 비싼 도시에서 사는 이들과 필요할 때 적정한 가격의 호텔을 구하기 어려운 상황에 놓인 이들의 불만을 서로 연결해 해결했다. 이전의 여행 스타일을 확 바꾼 에어비앤비의 등장에, 기존의 호텔업계는 위기감을 느꼈다. 두 청년의 불만과 이를 만족스럽게 해결했던 경험이 이 탁월한 비즈니스의 시작이었다.

셰리 슈멜저 Sheri Schmelzer 라는 주부는 자신은 물론 아이들에게도 크록스 Crocs 를 즐겨 신길 만큼 크록스 마니아였다. 크록스가 편해서 좋기는 하지만 다소 투박해 보이는 것이 불만이었던 그녀는 아이의 크록스 구멍에 단추나 나비매듭 같은 것을 끼워 장식을 했다. 자기가 느낀 불만을 해결하고자 한 것이다. 아이가 좋아하는 것은 물론이고 주위 사람 모두 그 액세서리를 갖고 싶어 했다. 이것이 비즈니스의 시작이었다. 그녀는 남편과 함께 집 지하실에서 크록스용 액세서리를 만들기 시작했고, 이 액세서리는 나오자마자 폭발적인 인기를 끌었다. 이것이 크록스용 액세서리 생산업체 지비츠 Jibbitz 의 창업 스토리다.

한편 크록스는 자사 제품이 잘 팔릴수록 지비츠도 잘 팔리고, 크록스가 살아 있는 한 지비츠도 계속될 것으로 보았다. 결국 크록스는 지비츠를 1천만 달러에 인수했고, 이 부부는 이제는 크록스의 자회사가 된 지비츠에서 사장과 디자인 책임자로 계속 일하게 되었다. 그녀가 크록스 액세서리를 만들고 불과 1년 반 만에 일어난 일이다. 불만을 그냥 넘기지 않고 해결책을 고민하고 그것을 행동으로 옮긴 것이 이런 놀라운 결과를 낳았다. 누구나 느끼는 보편적인 불만일수록 문제 해결에 있어 과감한 실행력이 필요하다. 누가 더 빨리 그 불만을 해소해 비즈니스화시키느냐도 중요하기 때문이다. 물론 실행은 쉽지 않다. 리코RICOH의 창업자 이치무라 기요시市村清는 "아이디어를 내는 데 1의 노력이 든다면 그것을 계획하는 데에는 10의 힘이, 그것을 실현하는 데에는 100의 에너지가 든다"라고 했다. 누구나 아이디어나 상상을 꺼내놓을 수는 있다. 하지만 생각에서 멈춘다면 바뀌는 건 없다. 평범한 생각이 탁월한 생각으로 진화하는 데는 반드시 실행이 필요하다. 예민한 불만의 눈이 발빠른 실행을 만나면 어마어마한 폭발력을 지닌다.

지금 같은 훌라후프는 오스트레일리아 어린이들이 대나무로 큰 고리를 만들어 허리에 감아 놀던 것을 본 미국의 장난감 개발자가 1958년 개발했다. 특별한 창의력을 덧붙일 것도 없이 관찰한 것을 그대로 적용했다. 나무를 플라스틱으로 만든 것뿐이다. 시판 두 달 만에 2500만 개를 팔았고 세계에서 1억 개의 주문을 받을 정도로 대성공을 거뒀다.

관찰은 사소하거나 의외의 것에서 아주 흥미롭고 대단한 것을 발견해낼 수 있게 한다. 결국 어떤 눈으로 어떻게 보느냐는 아주 중요한데, 경험의 폭을 넓히면 문제를 관찰하고 해결책을 찾는 눈이 달라진다. 그러니 늘 같은 곳에서 같은 사람을 만나고 같은 것만 경험하는 사람보다는 여행도 많이 가고 새로운 경험에 적극적이며 일상에서 이것저것 다양하게 누려보는 이들이 킨사이트를 키우는 데 더 유리할 수밖에 없다. 비즈니스를 하는 것과 발명은 분명 다르다. 세상에 없던 새로운 것을 만드는 것이 아니라, 세상에 없던 것이건 있던 것이건 사람들의 수요가 큰 것을 만들어내는 것이 비즈니스에서는 더 중요하다.

"지식을 얻으려면 공부를 해야 하고 지혜를 얻으려면 관찰을 해야 한다." 메릴린 보스 사반트 Marilyn vos Savant가 한 말이다. 그동안 많은 사람들이 학습하듯 창의력에 접근했지만 비즈니스 창의력에서 중요한 것은 지식知識, knowledge보다는 지혜智慧, wisdom다. 지식이 어떤 대상에 대해 배우거나 경험해서 알게 된 인식이나 이해라면, 지혜는 사물의 이치를 깨닫고 그것을 정확하게 처리하는 능력이다. 즉 지식은 공부로 쌓을 수 있지만 지혜는 세상의 다양한 현상, 관계 등을 관찰해야 얻을 수 있다. 그러니 공부를 잘한다고 창의력이 높아지는 것도, 탁월한 비즈니스를 만들어내는 것도 아니다. 비즈니스 창의력은 지혜에서 나오는 경우가 많다. 결국 관찰에 탁월한 사람, 즉 안목이 좋은 사람이 창의적일 수밖에 없다.

메릴린 보스 사반트(1946년생)는 기네스북에 세계 최고의 IQ 보유자로 등재되기도 했는데, 10세 때 IQ가 무려 228이었다. 성인이 되고 난 후 IQ가 떨어졌다는데, 떨어졌다는 IQ가 168이다. 머리 좋기로는 세계 최고이지만 그녀는 과학자나 수학자도, 발명가나 창업가도 되지 못했다. 그녀는 작가이자 잡지사 칼럼니스트로 전문성 없이 정치나 과학, 철학, 개인 문제 등에 관해 두루두루 글을 쓴다. 메릴린 보스 사반트가 한 말은 어쩌면 자기 자신에 대한 이야기인 듯하다. 그녀의 지능은 지식을 쌓는 데에는 유리했지만, 지혜에선 별다른 힘을 발휘하지 못했다. 아직도 머리 좋은 사람이 탁월한 생각과 탁월한 비즈니스를 만든다고 생각하는가? 탁월한 생각과 비즈니스를 만들어내는 건 학습력과 지능지수도 아니고, 의지로 불태우는 자기계발의 열정도 아니다. 바로 안목이다. 특별한 눈, 날카로운 눈으로 세상을 바라보는 것에서부터 시작한다.

킨사이트를 키우려면 쉽게 만족하지 마라. 사소한 것 하나에도 꼼꼼하고 깐깐하게 따지고, 따질 때는 확실히 따져야 한다. 작은 것을 쉽게 넘어가는 사람은 많은 것을 놓칠 수 있다. 매사 다 트집 잡고 따지자는 것이 아니다. 개선될 여지가 있는 불편과 불만을 그냥 넘기지 말라는 것이다. 불편과 불만에 민감한 사람은 비즈니스를 하기에 탁월한 자질을 이미 갖추고 있는 셈이다. 그들은 남들보다 먼저 문제를 인식하기에 유리하다. 당신 안에 잠자고 있는 불만 많은 예민한 눈, 킨사이트를 꺼내려 애쓰자. 혹여 당신이 불편한 상황을 겪고 있다면, 혼자서 불만을 삭이고 넘어갈 것이 아니라 세상을 바꿀 기회를 만났다고 생각해보라. 창조도 습관이다. 계속 해본 사람이 더 잘하기 쉽다. 좋은 안목은 하루아침에 만들어지지 않는다. 경험이 오래 쌓여야 비로소 좋은 안목을 갖추게 된다. 느리되 꾸준히 훈련하자. 그보다 더 강력한 방법은 없다.

불만을 행동으로 옮기는 자,
그들을 주목하라

불평불만 많은 투덜이에 주목하라는 게 아니다. 자기가 겪은 불편에 대한 불만을 행동으로 옮겨 해결하는 사람들에 주목하라는 것이다. 바로 그들이 탁월한 비즈니스를 만드는 사람들이다.

벳시 레브리비 코프먼Betsy Ravreby Kaufman은 요리를 할 때 삶은 달걀의 껍질을 까는 일이 영 귀찮았다. 제대로 식힌 후 까지 않으면 달걀 겉면이 엉망이 되어 다시 삶아야 하는 경우도 많았다. 그녀는 '삶은 달걀 껍데기를 벗길 필요가 없다면 얼마나 편할까?'라는 불만에서 '껍데기 없이 달걀을 삶을 수는 없을까?' 하고 생각을 이어나갔다. 그리고 달걀 모양의 플라스틱 컵에 덮개를 달아 껍데기 없이 삶을 수 있는 용기를 고안했다. 발명가도, 사업가도 아니었던 그녀는 자신의 아이디어를 흘려보내지 않고 구체화할 수 있는 방법을 찾아냈다. 바로 발명 아이디어를 후원하고 상품화할 수 있게 도와주는 에디슨네이션Edison Nation에 의뢰한 것이다. 이렇게 해서 2012년 한 해 동안만 미국에서 500만 개 이상이 팔린 '에기스Eggies'가 탄생했다.

탁월한 생각, 탁월한 비즈니스의 시작을 잘 들여다보면, 거창한 의도가 있었다기보다 단순히 자기가 겪은 불편을 해소하려다 비즈니스를 만들어낸 경우가 많다. 내가 불편한 것은 다른 사람도 불편했을 확률이 크므로,

그것을 해결하는 것이야말로 가장 중요한 창업 동기가 된다. 불편에 둔감하고, 뭐든 무던하게 넘기는 차분한 사람보다는 자신이 겪은 불편에 열받고 이를 해결하는 데 투지를 보이는 사람들이 비즈니스 창의력에서는 더 앞서기 쉽다.

영국의 공연 기획자였던 한 남자는 공연 때문에 새로운 나라와 도시를 들를 때마다 주소로 고생한 경험이 많았다. 주소만으로 공연장을 찾으려 길을 헤매다 시간을 허비했던 일이 많았던 그는, 주소 체계에 대한 불만을 자신이 직접 해결해보기로 결심했다. 그가 바로 왓쓰리워즈What3words를 설립한 크리스 셸드릭Chris Sheldrick이다.

기존 주소 체계는 나라별로 다르고 그마저도 오래전에 만들어진 것이 많아 오차도 많다. 영국의 화물 운송 0.5%가 부정확한 주소로 반송되고, 영국 우체국은 주소 오류에 따른 문제를 처리하는 데만 연간 7억 7천만 파운드를 쓴다. 글로벌 배송업체 유피에스UPS는 잘못된 주소 때문에 불필요하게 생기는 이동 거리를 하루 1마일씩만 줄여도 연간 5천만 달러를 절감하는 효과를 얻을 수 있다고 발표하기도 했다. 심지어 주소 체계가 아예 없는 나라들도 있다. UN에 따르면 전 세계 인구 70억 명 중 40억 명은 주소가 없다. 인구의 30%가 유목인인 몽골의 경우, 수도인 울란바토르에도 이름이 없는 도로가 태반이다. 또한 구호나 원조를 받아야 하는 나라에 주소 체계가 없으면 구호 활동에도 큰 어려움이 있다.

크리스 셸드릭은 수학자이자 친구인 잭 웨일리 코언Jack Waley Cohen과 함께 이 문제를 해결했다. 왓쓰리워즈의 주소 체계는 전 세계 모든 지역을 가로세로 3m 단위로 자르는데, 이렇게 넓이가 9m²인 정사각형으로 지구 전체를 약 57조 개로 나눈다. 그리고 나서 각 구역에 임의의 세 단어로 된 주소를 부여한다. 이 주소 체계를 적용하면 지구 어디든 찾아갈 수 있다. 몽골은 국가 단위로는 처음으로 왓쓰리워즈의 주소 체계를 공식 채택했으며, 재난 구호 활동을 하는 NGO들도 이 주소 체계를 쓴다. 글로벌 물류 회사와 내비게이션, 여행 서비스 등에서도 활용하고 있다. 2016년 6월에는 중동 지역을 기반으로 하는 글로벌 운송업체 아라맥스Aramex로부터 850만 달러를 투자받기도 했다. 왓쓰리워즈는 비즈니스로도 탁월한 가치를 만들어냈지만, 주소 없는 이들에게 주소를 만들어주었다는 점에서 사회적 가치도 탁월하다. 이제 사막 한가운데라도 왓쓰리워즈 주소 체계만 있으면 정확히 찾아갈 수 있다. 공연장을 찾아 헤매며 주소 체계에 불만을 품던 사람이 세상에 없던 주소 체계를 만들어내며 새로운 기회를 창출하고 있는 것이다.

좀 더 과거로 가보자. 1949년 시카고의 사업가 프랭크 맥나마라Frank McNamara는 뉴욕의 한 레스토랑에서 저녁식사를 한 후 큰 곤란을 겪었다. 지갑을 집에 두고 나와 식사비를 낼 현금이 없었던 것이다. 망신스러운 경험이었을 테니 불편함과 부끄러움, 짜증이 동반되었을 듯하다. 식사를 마치고 계산대에서 지갑이 없다는 것을 알았을 때 얼마나 당혹스러웠을까? 사업적으로 중요한 사람들과의 식사였어도 낭패고, 근사한 데이트 중이었다면 더더욱 낭패였을 것이다. 분명 프랭크 맥나마라 말고도 수많은 이들이 겪은 일이었겠지만, 이를 해결하려 아이디어를 내고 직접 실행에 옮긴 것은 그가 처음이었다.

그는 변호사 친구 랠프 슈나이더 Ralph Chneider 와 함께 1950년 세계 최초의 신용카드인 다이너스 클럽 Diners Club 을 만든다. 'Diners Club'은 'Dinner'에서 유래된 'Diner'에 멤버십의 의미를 담은 'Club'을 합쳐 만든 말이다. 말의 의미에서 알 수 있듯 저녁식사를 위한 카드였다. 세계 최초 신용카드의 회원은 200명이었고, 모두 프랭크 맥나마라와 랠프 슈나이더의 친구들이었다. 카드를 받아주는 가맹점은 뉴욕의 식당 열네 군데뿐이었다. 그러나 이렇게 시작한 다이너스 클럽은 첫해에만 2만 명의 회원을 확보하며 급성장했다. 신용카드 비즈니스의 탄생이었다. 지금은 신용카드가 거의 필수품이지만 당시에는 전혀 그렇지 않았다. 비자 Visa, 마스터 Master, 아멕스 Amex 등 강력한 회사들 사이에서 다이너스 클럽은 여전히 185개국에서 이용 가능한 신용카드다. 프랭크 맥나마라가 겪은 불편함이 신용카드라는 탁월한 비즈니스를 이끌어낸 셈이다.

이렇듯 불편함에서 초래된 누군가의 불만이 인류의 삶의 방식을 완전히 바꿔놓기도 한다. 당신은 오늘 어떤 불편함을 겪었는가? 꼭 바뀌었으면 좋겠다고 생각한 불편이 있는가? 지금 당신의 그 생각이 다른 누군가에 의해 탁월한 비즈니스가 되는 걸 지켜본다면 기분이 어떨까? 사실 우리 모두는 살면서 한두 번쯤 탁월한 비즈니스를 할 뻔한 기회를 만난다. 그러나 대부분 지나쳐버리고 만다.

불편함을 대하는 태도는 사람마다 다르다. 아주 민감하게 반응하며 짜증만 내는 사람이 있고, 대수롭지 않다는 듯 넘기며 감내하는 사람도 있으며, 누군가가 해결해주길 기대하며 불평불만만 시끄럽게 늘어놓는 사람도 있다. 그러나 우리가 주목해야 할 사람은 불편함을 직접 바꿔보겠다며 나서는 이들이다.

불편함을 누구나 느꼈다는 것은 누구나 그것이 어떻게든 바뀌어야 한다는 것을 알았다는 것이고, 그들 중 몇몇은 어떤 식으로 바뀔지에 대한 생각도 가져봤을 법하다. 하지만 그 생각은 머릿속에만 머물다 가끔 입밖으로 나올 뿐, 실제 행동으로 옮겨지는 일은 드물다. 여기서 행동으로 옮기는 이들은 불편함을 바꿔보려 하는 적극적인 사람들이다. 좀 더 불편에 예민하게 반응하고 좀 더 과감하게 실행하는 것은 분명 중요하다. 일상의 불편을 바꾸려는 시도는 이전부터 계속 있어왔다. 그래서 더 이상 불편할 일이 없어졌는가? 아니다. 새로운 불편은 계속 생길 수밖에 없다. 라이프 스타일이 바뀌고, 일상의 욕망 자체도 계속 변하기 때문이다. 또한 새로운 기술과 새로운 상품이 계속 등장하는 것도 이유가 된다. 스마트폰이 없던 시절에는 애초에 스마트폰이 만들어내는 불편이 있을 수 없다. 인공지능 로봇이 일상에 들어오지 않은 시대에선 로봇이 주는 불편을 느낄 수 없다. 하지만 이 세상에는 새로운 기술과 새로운 상품이 끊임없이 등장할 수밖에 없으므로, 당연히 그에 따른 새로운 불편이 계속 생긴다. 《관찰의 힘》에서 얀 칩체이스와 사이먼 슈타인하트가 지적했듯이 "비즈니스 측면에서 보면 관점을 바꿔야 할 70여 억 개의 이유가 존재하며, 그 수는 지금도 계속 늘고 있다". 그리고 미래의 기회도 늘어나고 있다.

날카로운 눈에 공격적인 실행력을 더하라

어릴 적에는 누구나 다 호기심 많은 눈을 하고 있다. 하지만 이 킨사이트는 성인이 되면서 대부분 무뎌지다가 결국 사라진다. 아이러니하게도 학습과 경험 때문이다. 우리는 살면서 너무 쉽게 타협한다. 타인의 경험을 학습하고, 의심 한 번 해보지 않고 관성적으로 원래 그런 거라고 믿는다. 그래서 킨사이트를 더욱 날카롭고 예리하게 만들고 싶을 때 가장 경계해야 할 것이 바로 말 잘 듣는 모범생 기질이다. 학습하고 배운 것을 그대로 믿고 권위 있는 사람들의 말에 쉽게 주눅드는 태도는 학습에는 합리적이고 효율적이지 몰라도, 창의성은 계속 갉아먹어 킨사이트를 갈고닦는 데는 도움이 안 된다.

창의력 연구가 조지 랜드 George Land 박사는 1968년 베스 저먼 Beth Jarman 박사와 함께 5세 아이들 1600명을 대상으로 창의력 실험을 했다. 그 결과 대상자 중 98%가 매주 창의적이라는 평가를 받았다. 5년 후 이 아이들이 10세가 되었을 때 다시 실험을 했더니 이 중 30%만 매우 창의적이라는 평가를 받았다. 이 아이들이 15세가 되었을 때는 12%, 25세가 되었을 때는 2%만이 매우 창의적이라는 평가를 받았다. 왜 대부분 창의적이었던 아이들 중 단 2%만이 20년 후까지 그 상태를 유지할 수 있었을까? 나머지 98%의 아이들은 새로운 아이디어를 다른 새로운 아이디어로 계속 연결시키는 것보다 원래의 아이디어를 평가하고 정의하며 개선시키는 데 주력하도록 학습받아왔기 때문이다. 그래서 현 교육제도가 창의력을 말살시키는 주범이라는 주장에도 일가견이 있다. 실존주의 사상가 장폴 사르트르^{Jean-Paul Sartre}의 "아버지가 아들에게 줄 수 있는 가장 큰 선물은 일찍 죽어주는 것이다"라는 말은 아버지의 권위가 자식의 창의성이나 자립심에 해를 끼친다는 의미이기도 하다. 실패와 좌절의 경험이야말로 창의성에 있어 아주 중요하다. 특히 비즈니스 창의성에선 실패에 주눅들지 않는 조직과 개인일수록 더 새로운 도전을 할 수 있다. 그래서 많은 기업들이 실패의 중요성을 크게 다루고 있는 것이다.

부모는 대개 자기 경험과 생각들을 아이에게 고스란히 전하면서 직접 사고하고 추론할 기회를 뺏은 채 결론만 빨리 외우게 해버린다. 그러나 이미 알고 있는 것에 대해서는 의심이 줄어들 수밖에 없다. 문제의식을 가질 필요를 스스로 지워버리게 된다. 세상의 모든 것들을 학습을 통해 지식으로 암기할수록 그 사람의 창의력은 떨어지기 쉽다. 물론 지식을 학습하지 말자는 것이 아니다. 세상을 어떻게 보는지, 문제를 대할 때 어떤 관점으로 어떻게 사고하는지가 더 중요하다는 것이다.

데렉 카용고^{Derreck Kayongo}는 필라델피아의 한 호텔에 묵고 있던 중 문득 욕실 선반에 놓인 무료 비누를 보았다. 전날 사용했던 비누는 사라지고 새 비누가 놓여 있었다. 우간다의 독재자를 피해 부모님과 미국으로 이민 온 카용고는 한 번밖에 쓰지 않은 비누를 버린다는 사실에 큰 충격을 받았다. 왜냐하면 아프리카에서는 비누가 귀한 사치품이고, 비누가 없어 불결한 위생으로 많은 아이들이 죽어가고 있었기 때문이었다. 그는 호텔에서 버려지는 비누들을 재활용해 아프리카에 보내면 많은 생명을 살릴 수 있지 않을까 생각했다.

애틀랜타로 돌아온 그는 아내 세라 카용고 Sarah Kayongo 와 함께 사회적기업인 글로벌 숍 프로젝트 The Global Soap Project 를 시작했다. 세라의 퇴직금으로 비누를 재가공할 수 있는 기계를 구입하고 호텔을 돌며 폐기되는 비누를 모았다. 그렇게 해서 지금까지 아프가니스탄, 방글라데시, 도미니카공화국, 에콰도르, 가나, 과테말라, 아이티, 케냐, 우간다, 카메룬, 남수단, 스와질란드 등 4대륙 20개국에 재활용 비누가 보내졌다. 카용고는 2011년 CNN이 선정한 '올해의 영웅 10인'에 들기도 했다.

호텔에서 매일 새 비누를 쓰는 사람은 수없이 많았지만, 이를 비누를 필요로 하는 사람과 연결시켜 생명을 살리는 데 이바지한 사람은 카용고뿐이었다. 그는 폐기되는 비누를 새로운 관점으로 바라보고, 떠오른 아이디어를 적극 실행해서 의미 있는 재활용 프로그램을 만들어냈다.

당신이 겪은 불편, 당신이 느낀 불만을 누군가가 대신 해결해줄 거라 여기며 방치하지 말고 직접 해결해보려 시도해보라. 킨사이트에서는 날카로운 눈과 함께 공격적인 실행력이 무엇보다 중요하다. 누군가의 탁월한 비즈니스를 보면서 "내가 예전에 생각했던 건데!"라고 말하는 사람이 세상에서 가장 어리석다. 창의력은 머릿속에서 맴도는 아이디어가 아니다. 실행으로 옮겨야만 비로소 창의력이 된다. 무엇보다 킨사이트는 불만에 대응하는 '실행'이 중요하다.

"그동안 우리에게 가장 큰 피해를 끼친 말은 '지금껏 항상 그렇게 해왔어'라는 말이다." 그레이스 호퍼Grace Hopper가 남긴 명언이다. 그레이스 호퍼는 수리물리학 박사로 2차 세계대전 중 미 해군에 입대해 미 해군 최초의 여군 제독이 된 인물이다. 또한 프로그램 '버그' 개념의 창시자이며 프로그램 언어 개발자이기도 하다. 익숙하다는 이유로 우리는 관성에 따르는 것을 선호했다. 불편과 불만을 그냥 넘기지 않는 예리한 안목은 관성적인 태도를 바꾸는 것에서 시작된다는 것을 기억해야 한다.

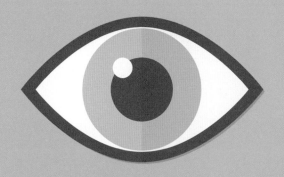

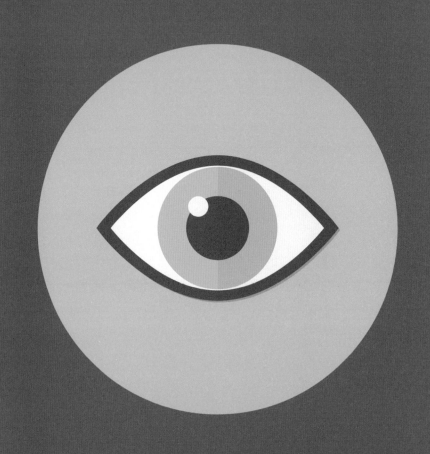

세상 모든 것의 연결 고리를 찾아낸다
Cross-sight : 교차하는 눈

애플의 DNA는 기술만으로는 충분하지 않기에,

기술에 교양과 인문학을 결합시킨다.

스티브 잡스 † 애플 창업자

연관 없어 보이는 것들의 연결 고리를 찾아낸다

영국 케임브리지의 애든브룩 병원은 외과 수술실의 위급 환자를 집중치료실로 신속하게 이동하는 문제로 고민했다. 빨리 옮기는 것이 관건인데, 기존의 방식으로는 속도를 충분히 내기가 쉽지 않았기 때문이다. 이 문제를 고민하던 의사들은 F1 레이싱 정비 팀이 일하는 방식에서 해결책을 착안했다. 카레이싱 정비 팀의 작업 절차와 협업 방식을 분석해 외과 병동에 적용하기로 한 것이다. 카레이싱에서는 경기 도중 피트 인을 해서 타이어를 갈고 간단한 부품도 교체하는데, 불과 10여 초 안에 정비가 끝난다. F1에서는 3~4초 안에 끝나기도 한다. 이는 전담 팀이 낭비되는 움직임 없이 각자 맡은 일에 집중하기 때문에 가능한 일이다. 결과적으로 수술환자를 이송하는 데 걸리는 시간을 크게 단축할 수 있었다. 전혀 상관없어 보이는 두 영역의 놀라운 결합을 보여주는 사례다.

9·11테러 최종보고서가 내린 결론을 기억하는가? 9·11테러를 막지 못한 요인을 분석하기 위해 미국 민주당과 공화당 인사 10인으로 구성된 9·11조사위원회가 만장일치로 채택한 570쪽짜리 보고서에 따르면, 놀랍게도 핵심 원인은 상상력 부재였다. 과거에 알카에다가 폭탄을 자동차에 실어 터뜨린 전력이 있으므로 비행기에 폭탄을 실어 테러에 사용할 것이라는 예상도 충분히 할 수 있었는데도 정부 당국의 상상력 부족으로 알카에다의 위협을 예측하지 못했다는 것이다. 아울러 CIA나 FBI 등 정보기관들 간의 의사소통 부재도 실패 요인으로 제기했다. 미국의 정보력과 첩보력은 최고였지만, 정보와 첩보를 효과적으로 재해석하고 분석하는 상상력은 부족했던 셈이다. CIA나 FBI 등은 테러나 알카에다와 관련해 아주 방대한 정보를 가지고 있었으나 그 정보들 속에서 알카에다가 어떤 테러를 계획하고 실행할지에 관해서는 제대로 상상해내지 못했다. 예상되는 위기는 더 이상 위기가 아니다. 여러 위기 시나리오에 맞는 대비책을 세울 수 있기 때문이다. 정보가 많아도 그것들을 잘 연결시켜 눈에 보이지 않는 답을 끄집어내지 못한다면 아무 소용없다.

애플Apple의 스티브 잡스Steve Jobs는 디자인, 예술, 인문학을 기술 영역과 결합시키는 것이 얼마나 중요한지를 보여준 대표적인 인물이다. 애플은 기능뿐만 아니라 디자인과 감성 측면에서 소비자 만족도가 아주 높은 브랜드다. 잡스는 1999년 《타임》과의 인터뷰에서 비즈니스를 하면서 폴라로이드 발명가 에드윈 랜드Edwin Land 박사가 한 "나는 폴라로이드가 예술과 과학의 교차점에 서길 바란다"라는 말을 단 한 번도 잊은 적이 없다고 밝

히기도 했다. 지금에야 기술과 인문학의 결합이 당연한 명제지만 과거에
는 그렇지 않았다.

점점 더 다양하게 이종 결합이 가능해진 것도 진화다. 과거에는 이종
간의 장벽이 컸다면 이제는 그 벽이 거의 다 사라졌다. 그래서 예전에 비
해 더 중요해진 안목이 바로 크로스사이트다. 과거에는 소수의 천재이자
멀티플레이어들만이 지닌 특권 같은 눈이었다면, 이제 크로스사이트는
누구나 지녀야 할 필수적인 눈이다.

세상의 모든 것은 서로 연결되어 있다. 정치, 경제, 사회, 문화, 기술 등
으로 카테고리가 나눠져 있는 것은 그저 각 영역을 좀 더 깊숙이 들여다
보기 위한 분류일 뿐이다. 15~16세기의 레오나르도 다빈치를 우리는 화
가이자 조각가, 발명가, 건축가, 해부학자, 식물학자, 도시계획가, 천문학
자, 지리학자, 군사 무기 기술자, 음악가 등 다양한 분야에서 활약한 멀티
플레이어로 기록하지만, 사실 그는 호기심 많고 관찰력 좋은, 자기 관심
사라면 분야를 초월해 무엇에든 다가섰던 사람이었을 뿐이다. 게다가 과
거에는 분야의 구분이 지금처럼 명확하지도 않았다. 경계를 넘나들었다
고 하는 것은 지금 우리의 시각에서 하는 이야기일 뿐이다. 현대로 올수
록 모든 분야는 세분화되고, 명확한 구분선을 가지게 되었다. 분야를 나
누면서 학문적 심화를 이뤄낸 것인데, 이제는 그 분야를 서로 잘 연결시
키는 것이 중요해졌다.

비즈니스에서도 자동차, 건설, 전자, 패션, 가구, 식음료 등 다양한 산
업 구분이 점차 IT를 중심으로 재편되며 그 경계가 사라지고 있다. 세상

의 모든 산업이 서로 연결되고, 경계를 넘나들며 새로운 기회를 만들어내고 있는 것이다. 이러한 변화를 논할 때 빼놓지 않고 등장하는 화두가 바로 4차 산업혁명이나 산업 4.0 등 IT가 촉발한 산업적 진화다. 이러한 시대에는 경계를 자유롭게 넘나들며 생각하는 사람이 필요하다. 그래서 특히 21세기 비즈니스를 선도하는 기업들이나 창업가들은 크로스사이트에 탁월하다. 과거의 산업적 카테고리가 만든 아성에서 벗어나지 않고서는 위기를 피할 수 없기 때문이다. 디지털 트랜스포메이션 Digital Transformation 이나 4차 산업혁명은 산업의 경계가 사라지고 IT가 모든 산업의 필수 영역이 되었다는 것을 보여주는 것이다. 그만큼 지금 시대에서는 IT를 중심으로 하는 다양한 결합이 더더욱 요구되고 있다.

피자 배달은 어디까지 업그레이드될 수 있을까?

줌피자 Zume Pizza 를 창업한 앨릭스 가든 Alex Garden 은 세계적으로 명성 있는 천재 게임 개발자였다. 마이크로소프트 Microsoft, MS 에서 엑스박스 게임 개발을 총괄하고 게임 회사 징가 Zinga 의 CEO까지 역임했던 그가 놀랍게도 실리콘밸리에 피자 회사를 차렸다. 물론 잘나가던 대기업 임원이 퇴직 후 노후 대비용으로 차린 피자 가게와는 다르다. 앨릭스 가든이 레스토랑 경영자 줄리아 콜린스 Julia Collince 와 창업한 이 피자 회사는 피자를 기반으로 하는 엄연한 테크 기업이다. 미국 피자 시장 규모가 연간 444억 달러(약 50조 원)에 이르고 이 중 빅 3라고 할 수 있는 피자헛 Pizza Hut , 도미노피자 Domino's Pizza , 파파존스 Papa John's Pizza 가 40% 가량 점유하고 있는 상황에서 줌피자는 피자 시장의 판도를 바꾸는 일에 도전했다. 피자에 별거 있나 생각하는 사람들은 앨릭스 가든이 본 비즈니스 기회를 캐치해낼 수 없었을 것이다.

배달 피자는 편리함이 무기다. 스마트폰 앱에서 버튼을 누르거나 전화 한 통만 하면 따끈한 피자를 배달받을 수 있다. 그런데 사실 피자는 화덕에서 꺼내 곧바로 먹을 때가 제일 맛있다. 배달이 편리하긴 하지만, 맛 측면에서는 조금 손해다. 대부분의 사람들은 배달 때문에 피자가 식거나 도우가 눅눅해지는 것은 당연히 감수할 일이라 여겼지만 앨릭스 가든은 관성을 깨고 새로운 시도를 한다. 로봇과 인공지능, 각종 테크 기술에 대한 안목의 힘 덕분이었다.

겉으로만 봤을 때 줌피자도 여타 피자들과 종류나 모양, 가격에 별반 차이가 없다. 주문 방식도 비슷하다. 앱 주문은 이제 어느 회사나 다 활용할 정도로 보편적이다. 그러나 줌피자의 생산 방법과 포장, 배달 방식에는 결정적 차이가 있다. 주문이 들어오면 컨베이어벨트가 가동되고 사람과 로봇이 함께 피자를 만든다. 48시간 동안 숙성한 도우를 사람이 얇게 펼치면, 로봇 '존'과 '페페'가 피자 종류에 따라 양을 조절한 토마토소스를 도우에 뿌리고, 로봇 '마르타'가 소스를 도우에 골고루 펴바른다. 그 후 사람이 토핑을 얹은 다음 로봇 '브루노'가 오븐에 넣어 1분 30초 동안 초벌로 굽는다. 그러고 나서 로봇 '빈센치오'가 피자를 꺼내 배달 트럭에 싣는다. 피자가 컨베이어벨트와 사람과 로봇의 합작품인 셈인데, 로봇들은 정해진 위치에서 각자가 맡은 역할만 한다.

줌피자는 생산 효율성을 높여 743m²(약 220평) 규모의 주방에서 한 시간에 288개, 1분당 4.5개의 피자를 만들어낸다. 그런데 주방에서 피자 제조가 다 끝나는 것이 아니다. 피자는 배달 과정에서 다시 구워진다. 배달 트럭에는 온도가 800도까지 올라가는 오븐이 56개 있는데, 고객의 집에 도착하기 4분 전 로봇이 초벌된 피자를 마저 굽기 시작한다. 3분 30초 동안 굽고, 30초 동안 식힌다. 그러면 고객의 집에 도착할 시점에 오븐에서 갓 나온 피자처럼 따끈따끈해진다. 배달 피자의 맛이 레스토랑에서 먹는 피자 맛에 뒤지지 않는다. 우리는 왜 요리는 주방에서만 할 수 있으며, 배달은 완성된 요리를 전달하는 것이라고만 생각했을까? 줌피자는 이런 생각을 바꿔놓았다. 주방의 역할과 배달의 역할을 별개로 바라보는 관성에서 과감히 벗어나 배달 과정에서 조리가 이뤄질 수 있다고 본 것이다. 기술을 떠나 문제를 바라보는 관점부터 남달랐다.

피자 박스도 다른 회사들 것과 다르다. 바닥에 올록볼록한 골을 만들어 피자가 달라붙어 눅눅해지는 것을 막았고, 박스 자체가 5g의 수증기를 흡수할 수 있게 해 배달하는 동안 피자가 바삭하게 유지되도록 개발했다. 게다가 기존의 골판지 소재가 아니라 100% 분해되는 사탕수수로 만들어 친환경적이기까지 하다.

줌피자는 주문부터 배달 완료까지 약 22분 걸린다. 보통 피자 배달에

▶ 로봇 브루노와 포즈를 취한 줌피자 공동 창업자 앨릭스 가든과 줄리아 콜린스. 스위스의 로봇 제조 회사 ABB로보틱스와 함께 피자 로봇을 제작했고, 생산 효율성을 획기적으로 높일 수 있었다.

45분쯤 소요되는 것을 감안하면 절반가량 빠르다. 그런데도 줌피자는 배달 시간을 더 단축시키려 한다. 주문과 동시에 배달 트럭이 출발하고 피자는 트럭 안에서 굽겠다는 것인데, 이렇게 하면 산술적으로는 5분 안에 배달이 가능하다. 이 모든 것이 로봇과 테크의 힘인데, 속도의 효율성만 높이는 것이 아니라 로봇 사용으로 인건비를 줄여 신선한 유기농 재료를 쓰는 데 돈을 더 투자할 수 있다는 것이다. 인공지능과 빅데이터도 중요하게 다룬다. 소비자는 늘 먹던 피자를 선택하는 경향이 강하므로 인공지능을 통해 피자 주문 성향을 분석해 매일 재료의 양도 예측하고, 배달 트럭 동선 주변의 고객 주문도 고려해 재료를 싣고 이동하면서 주문을 받고 피자도 구울 수 있게 한다는 것이다. 피자뿐 아니라 어떠한 배달 음식에도 이런 시스템이 적용 가능한데, 2018년부터 배달 트럭에 샐러드 로봇, 볶음요리 로봇 등을 개발해 탑재시키고, 장기적으로는 자율주행 배달 로봇을 개발할 계획이다. 피자 사업의 판도를 바꿔놓은 이 탁월한 생각이 음식 배달 시장 전반에 큰 변화를 줄 것이다. 이제 이동하는 무인 레스토랑이 상상이 아닌 현실로 이뤄지는 시대가 되었다. 피자 회사가 테크 기업이라는 것은 지극히 당연한 명제가 되었다.

도미노피자 역시 테크 기업이다. 1960년 창업한 도미노피자는 미국의 대표적인 배달 전문 피자 브랜드다. 전 세계 70개국에 1만 개 매장을 운영 중인 도미노피자는 30분 배달로 유명해지면서 회사의 방향이 48년 만에 바뀌었다. 2008년 세계 금융 위기 이후 도미노피자의 주가는 2.83달러까지 추락했고 도미노피자는 이를 돌파하기 위해 테크 기업으로 변신을 선언한다. 피자 회사가 테크로의 전환이자 디지털 트랜스포메이션을 선언한 이유는 이것이 추락의 위기에서 살아남을 반등의 카드였기 때문이다. 디지털 트랜스포메이션은 단순한 디지털 기술 도입이 아니다. 비즈니스 프로세스부터 제품과 서비스, 고객과 직원 등 모든 영역에서의 변혁을 뜻한다.

도미노피자는 재미있는 피자 회사가 되는 것을 목표로 삼고 다양한 신기술을 적용했다. 이러한 전략은 고객에게 편안함과 즐거움을 제공하는 회사가 시장을 장악하게 될 것이라는 생각에서 출발했다. 도미노피자는 다양한 스마트폰 애플리케이션을 만들었다. 3D 게임 형식의 피자 주문 앱 'PIZZA HERO'는 고객들이 참여한 레시피가 16만 개 이상 공유되며 폭발적 인기를 끌었다. 'PIZZA TRACKER' 앱은 고객이 주문한 피자를 제작하고 배달하는 장면을 실시간으로 중계한다. 굳이 이런 정보를 주지 않아도 소비자가 피자는 배달시켜 먹겠지만, 이런 생중계가 고객을 좀 더 즐겁게 만들어줄 수 있다. 'ZERO CLICK ORDERING' 앱은 켜는 즉시 10초 동안 주문 카운트다운이 시작되고, 미리 저장된 주소로 평소 먹던 피자가 자동 배달된다. 2016년 상반기 배달 주문 매출의 절반 정도인 20억 달러가 이 앱에서 발생했다고 하니, 소비자들이 이 앱을 편리하게 여기고 있다는 것은 증명된 셈이다. 아마존 에코와 연결해 피자 주문을 더 쉽게 하고, 드론이나 무인 바이크로 배달하는 것도 계속 연구 중이다. 심지어 피자와 인공지능[AI]도 결합했다. AI 기반 주문 서비스인 도미노 로보틱 유닛[DRU] 어시스트를 선보였는데, 2017년 CEO 돈 메이지[Don Meij]는 도미노피자가 모바일 퍼스트에서 AI 퍼스트로 옮겨가는 시기에 있다고 밝힌 바 있다.

배달 피자는 적당히 맛있게 만들어 빨리 배달만 해주면 되는 거 아닌가 생각한다면, 오래전 피자 배달 사업이 처음 시작되었던 시점에 멈춰 있는 사람이다. '맛있고, 빠르게'를 실현할 구체적인 답을 찾게 해주는 것이 테크의 힘이기도 하다. 여전히, 왜 식품을 파는 회사가 테크 기업이어야 하는지 의아하다면, 그들의 주가를 보라. 도미노피자의 주가는 2008년 2.83달러까지 내려갔다가 2010년 20달러를 회복했다. 2015년에 100달러를 돌파하더니 2016년 150달러, 2017년에 200달러를 넘어섰다. 2018년 6월 19일 기준으로는 287달러에 달한다. 최악의 시기에 그들은 테크 기업으로의 전환을 선언하며 변신을 시작했고, 결국 그들의 변신에 시장이 보인 평가가 주가로 드러났다고 해도 과언이 아니다.

혹시 당신의 눈에는 테크놀로지와 피자가 전혀 상관없어 보였는가? 피자를 식품과 외식의 범주에만 국한시켜 바라본 사람은 피자 회사의 새로운 변화는 상상도 못 했을 것이다. 하지만 피자 비즈니스와 테크 비즈니스, 그리고 소비자의 새로운 욕구와 트렌드 등을 서로 연결시킬 수 있는 사람의 눈에는 세상에 없던 탁월한 비즈니스가 보였다. 크로스사이트가 중요한 것은 이 때문이다.

언더아머의 경쟁 상대는
나이키가 아니라 애플이다

2017년 1월, 미래 기술 발전의 동향을 파악할 수 있는 국제전자제품박람회 The Consumer Electronics Show, CES에서 언더아머의 CEO 케빈 플랭크가 기조연설을 했다. CES에서 스포츠 브랜드의 CEO가 기조연설을 한 것은 처음 있는 일이었다. 그는 이 자리에서 언더아머를 테크 기업이라고 선언하고, 애플과 삼성전자와도 경쟁할 것이라고 밝혔다. 나이키와 아디다스를 추격하는 것은 더 이상 그들의 목표가 아니라고 한 것이다. 스포츠 브랜드가 왜 IT 회사와 경쟁하려 할까? 동종업계 1, 2위를 이기기 어렵다고 여겨 다른 업계로 방향을 튼 것일까? 언더아머의 행보를 보면 크로스사이트를 지닌 케빈 플랭크의 비전이 보인다. 언더아머는 'MyFitnessPal' 등 건강관리 앱 개발업체를 세 군데 인수해 운동 행태 2억 6천만 개와 음식 정보 9억 6천만 개를 수집했다. 여기에 수영 종목 올림픽 금메달리스트 마이클 펠프스를 비롯, 언더아머의 모델이자 스포츠 스타들의 정보와 의견을 수렴해 '언더아머 레코드'라는 앱을 개발했다. 이 앱은 사용자의 활동을 24시간 분석해 올바른 운동 습관을 갖도록 제안한다. 사용자의 컨디션에 따라 적절한 운동 강도를 제안하는 '스마트 러닝화', 적외선 방출 소재로 만들어 숙면을 돕는 '스마트 잠옷' 등도 만들었다. 언더아머의 커넥

티드 슈즈를 신고 달린 거리와 속도, 칼로리 소모량 등의 기록은 스마트폰으로 확인할 수 있는데, 심지어 운동화 교체 주기도 앱이 알려줄 수 있으며 저장된 데이터를 다른 운동화에 옮기는 것도 가능하다. 말이 운동화지, 신고 다니는 디지털 디바이스라 해도 과언이 아니다. 이쯤되면 운동화 회사가 IT 회사와 경쟁한다고 해서 이상해 보이지 않는다. 오히려 테크를 모르고서는 운동화 장사를 하기 어려워 보이기까지 한다. 서로 연관 없어 보이는 신발과 IT라는 두 영역이 결합되고 그렇게 산업의 경계는 무너졌다. 경계를 넘어서 기회를 가져갈 것인가, 경계에 안주하다 위기를 맞을 것인가. 크로스사이트는 이러한 시대에 살아남기 위해 갖추어야 할 필수적인 안목이다.

2016년에 발표된 바르셀로나 스트리트 프로젝트The Barcelona Street Project는 유럽의 저비용항공사 이지젯EasyJet이 만든 특별 한정판 운동화였다. 이 신발은 항공사의 사업적 외도는 아니었다. 신발을 팔겠다는 의도보다는, 여행업에 대한 이지젯의 시각을 담아 보여주기 위함이 더 컸다. 낯선 동네로 여행을 가면 대부분의 사람들은 길을 찾기 위해 지도를 본다. 스마트폰으로 내비게이션도 사용할 수 있지만, 스마트폰이나 지도를 들여다보면서 걷다 보면 부딪히거나 넘어지는 등의 사고가 날 가능성이 크다. 지도를 보면서 가느라 정작 여행지에서 봐야 할 구경거리를 놓치기도 한다. 여기에 이지젯은 운동화 안에 진동 장치를 만들어 스마트폰과 연동시키고, 내비게이션 정보를 운동화로 보내주는 아이디어를 착안했다. 예를 들면 갈림길에서 가야 할 방향 쪽의 운동화에 진동을 울려 길을 안내하는 것이다. 양쪽 발에 두 번 연속 진동이 오면 길을 잘못 들었다는 신호다. 이렇게 하면 해외의 낯선 곳에서도 마치 현지인처럼 지도 없이 다니며 여행의 즐거움을 만끽할 수 있다. 이지젯은 여행이라는 자신들 업의 본질에 충실하기 위해 테크 기술을 활용한 것이다. 요즘 글로벌 기업들의 주요 화두 중 하나인 디지털 트랜스포메이션의 적용 사례다. 이제 테크이자 IT는 모든 기업에게 양념 같은 존재다. 이러한 환경에서는 다양한 것들을 서로 결합시킬 수 있는 안목, 즉 크로스사이트가 중요할 수밖에 없다. 이 운동화를 이슈화시킨 것은 이지젯이지만, 여러 스타트업에 의해 상품화되고 있기도 하다.

안목은 진짜 경쟁자를 골라낸다

"유통업체의 경쟁 상대는 에버랜드 같은 테마파크나 야구장이다." 신세계 정용진 부회장이 한 말이다. 더 이상 유통업은 쇼핑만을 뜻하지 않는다. 신세계가 스타필드 하남과 이마트타운 등 복합쇼핑몰에 집중한 것도, 이마트는 라이프쉐어 Life Share 기업이라며 경쟁사와의 마켓쉐어 Market Share 경쟁보다는 소비자의 라이프스타일을 해석하는 데 힘을 기울여 소비자의 일상을 더 많이 점유하려 하는 것도 정용진 부회장의 말과 일맥상통한다. 도심에 백화점이나 쇼핑몰을 지을 공간은 더 이상 없으므로 결국 외곽에 새로운 공간을 만들어 사업을 확장해야 하는데, 기존의 쇼핑 공간만으로는 외곽까지 사람들을 끌어낼 수 없다. 결국 쇼핑과 레저, 일상의 모든 소비와 라이프스타일의 욕구들을 총집합시킨 복합쇼핑몰로 승부를 걸 수밖에 없다. 사실 백화점 자체는 이미 사양산업이다. 백화점의 나라라고 할 수 있는 미국에서도 사양세가 두드러지고, 일본도 마찬가지다. 그나마 한국의 백화점이 마지막까지 버티고 있는 중이다. 지금까지는 상승세가 꺾이고 성장이 정체된 수준이지만 이 또한 임계점에 도달할 것이다. 한국에서 백화점을 가진 유통 대기업들은 대형마트와 편의점, 거기다 온라인 몰까지 갖고 있는 경우가 많다. 계열사나 관계사를 포함하면 레저, 영화, 호텔, 외식업 등 다양한 레퍼토리가 더 있다. 이들을 최대한 활용하는 복합몰로써 규모의 경제를 이루는 것이 성장세를 이어가는 카드가 된다. 영원히 성장할 수 있는 기업은 없다.

나이키가 자사의 경쟁 상대를 닌텐도로 분석했던 적이 있다. 2000년대 들어 나이키의 성장률이 둔화되었을 때, 그들이 원인을 찾아보니 다른 스포츠 브랜드가 치고 올라와서가 아니었다. 그들의 분석에 따르면 나이키의 주 고객층 중 하나인 청소년들이 스포츠 대신 닌텐도와 소니 게임에 빠져 몰두하느라 스포츠용품 구매가 준 것이었다. 결국 스포츠 브랜드의 숨은 적은 게임이었던 셈이다. 동종 업종 간의 시장점유율 싸움만으로는 비즈니스의 성과를 이끌어낼 수 없다는 교훈을 준 분석이 아닐 수 없다. 지금의 업종 구분은 산업화 초기에 해놓은 것이다. 한국의 경우 1963년부터 한국표준산업분류를 제정해 사용해오고 있는데, 10차 개정을 거치며 세부

항목들을 추가하기는 했지만 빠르게 변화하는 산업 구조를 담기에는 역부족이다. 그때의 기준이 여전히 유효하다면 그것이야말로 넌센스가 아닐까? 누구든 자유롭게 업종의 경계를 넘어야 한다. 그래야만 우리가 놓치고 있던 진짜 문제를 볼 수 있다.

●

오래되어 위기를 맞은 그들, 스스로 새로운 기회를 만들다

비즈니스에서 가장 어려운 일 중 하나가 타깃 고객을 바꾸는 것이다. 그런데 그 어려운 걸 해낸 기업이 있다. 세계적 기업도, 대기업도 아니고 첨단 분야도 아니다. 혁신이란 단어와는 전혀 안 어울릴 것 같은 곳, 바로 한국민속촌이다. 관람객 대부분이 중장년층이었던 이곳이, 관람객의 80%가 20~40대인 곳으로 바뀌었다면 믿겠는가? 관람객 수도 지속적으로 줄고 그나마도 가족 단위 이상의 중장년층과 노년층, 수학여행 온 단체 관람객이 전부였던 곳이 말이다. 어떻게 젊은 사람들이 자발적으로 방문하도록 끌어들일 수 있었던 것일까? 한국민속촌은 개관 이래 과거 한국의 전통과 문화를 보여주는 방식을 바꾼 적이 없었다. 조선 시대 가옥을 이전하거나 복원하여 마을을 조성하고, 조선 사람들의 생활 문화를 전시관에 재현해놓거나 먹거리 체험을 마련하는 것이 전부였다. 두 시간 정도면 충분히 관람 가능한 특색 없는 곳이다 보니 당연히 입장객 수도 서서히 줄었다. 관람객 수는 몇 년간 평균 100만 명 수준이었고, 새로운 관람층이 없으니 결국 망할 기업 후보 1순위라 해도 과언이 아닌 곳으로 여겨졌다. 하지만 지금은 전혀 아니다. 2016년 기준 입장객 수가 138만 명으로 급속히 증가했고, 2015년에는 재방문율도 2012년 대비 8.5%나 증가했다. 재미없고 고루하던 공간이 놀랍게 변신한 것이다.

과거의 한국민속촌이 구경하는 곳이었다면, 지금의 한국민속촌은 체험하는 곳이다. 조선 시대 양반, 사또, 포졸, 기생, 거지, 관상가, 상인 등의 모습으로 분한 직업 배우가 입장객을 맞으며 상황극 속으로 사람들을 끌어들인다. 관람객들은 마치 타임머신을 타고 조선의 어느 마을에 도착한 듯이 막연히 상상했던 조선의 모습을 눈앞에서 체험해볼 수 있다. 애니메이션 캐릭터들이 눈앞에 등장해 같이 놀며 어울리는 디즈니랜드처럼 말이다. 한국민속촌은 이처럼 몰입과 경험의 공간으로 변신했다. 그리고 이러한 변신을 SNS를 통해 적극적으로 알렸는데 2030들이 여기에 큰 흥미를 보였다. 한국민속촌은 과거에 없던 새로운 콘텐츠를 계속 만들어내고 있다. 그중 하나가 '500 얼음땡'이다. 500명을 모아 민속촌의 넓은 공간에서 얼음땡 놀이를 하는 것으로, 20대들에게 인기가 매우 높아 축제 같은 이벤트로 자리 잡았다. TV를 통해 '런닝맨' 같은 프로그램을 즐겨 보지만 막상 뛰고 구르고 놀아본 적은 별로 없는 2030들에게는 이러한 이벤트가 특별한 체험이 될 수밖에 없다.

한국민속촌이 바뀌자, 이를 대하는 소비자도 바뀌었다. 한국민속촌의 조선 시대 캐릭터들과 어울려 놀겠다며 자기 시간과 돈을 들여 특색 있는 코스프레를 하고 찾아오는 관람객들이 늘었다. 이처럼 소비자의 사랑을 듬뿍 받는 공간이 된 한국민속촌은 이제는 절대 망하기 어려운 기업 후보 1순위로 변모했다. 이런 변신이 가능했던 이유는 요즘 사람들이 무엇을 좋아하는지 고민하고 그에 대한 답을 찾았기 때문이다. 과거의 소비자가 아닌 요즘 소비자가 좋아하는 것을 파악하고, 과거에 했던 방식을 다 바꿔가면서 새로운 변화를 적극 받아들였다. 경계를 넘어서려 한 것이다. 과연 지금 한국민속촌의 경쟁자는 누구일까? 테마파크일까? 물론 에버랜드도 그들의 경쟁자이지만, 야구장과 영화관도 그들의 경쟁자가 될 수 있다. 유통업체도 가능하다.

한국야쿠르트도 흥미로운 변신을 했다. 한국야쿠르트는 소위 '야쿠르트 아줌마'로 불리는 전문판매원들에 의한 방문판매가 전체 매출의 95%를 차지한다. 40여 년이나 된 비즈니스 방식으로써 효과가 입증된 판매 방식이기는 하지만, '아줌마' 중심의 방판 모델은 한국야쿠르트의 약점이기도 했다. 과거 유통 인프라가 없던 시절과 달리 온라인 유통 시장도 커지고 대형마트부터 편의점까지 유통 채널도 다양해진 상황에서, 방문 판매 중심으로는 기존 고객 유지뿐만 아니라 신규 고객 확보에도 어려움이 있기 때문이다.

하지만 2014년부터 판매원들에게 전동카를 지급하면서 상황이 달라졌다. 이 전동카는 힘들게 끄는 카트가 아니라 타고 다니는 전기차이면서 24시간 냉장이 가능한 대용량 냉장고다. 이동하는 냉장고는 이동하는 신선 유통 거점과 다름없어, 이제는 반찬과 국 등 간편식도 집까지 배달한다. 단 한 개를 배달시켜도 배송료가 없고, 이동식 냉장고에서 바로 꺼내주기 때문에 더 믿을 수 있다. 모바일 앱으로 주문하면 원하는 시간, 날짜에 맞춰 집까지 배달해주고, 요쿠르트를 매일 배달하듯 반찬도 정기적으로 배송 가능하다. 2015년 4월 1천 대, 2015년 10월 3천 대, 2016년 6월 5천 대, 2017년 6월 7400대까지 보급되었다. 전국에 야쿠르트 아줌마가 1만 3천 명인데, 이제 조만간 이들 모두 대형 냉장고를 타고 다니며 전국 구석구석 물건을 팔게 될 것이다. 전동카 보급 이후 콜드브루 커피, 치즈, 컵과일까지도 판매 품목에 들어갔다. 심지어 다른 회사들에서도 야쿠르트 아줌마 배송망을 이용하고자 사업 제휴를 해올 정도다. 야쿠르트로 대표되는 발효유 시장은 국내 5천억 원 규모이지만 가정간편식 시장은 2조 원을 훌쩍 넘고, 성장세도 가파르다. 과거 방식의 낡은 모델이었던 아줌마 중심의 방판 모델에 대형 냉장고이자 전동카인 이동 수단을 결합시키면서 다른 경쟁사들은 넘볼 수 없는 독보적인 경쟁력을 확보했다.

온라인 서점의 대명사 아마존이
오프라인 서점에 진출하다

2015년 11월, 아마존^{Amazon}이 시애틀에 오프라인 서점 아마존북스^{Amazon}

Books를 오픈했다. 향후 400개의 오프라인 서점을 열겠다는 계획도 발표했는데, 아이러니하게도 오프라인 서점을 몰락의 길로 몰고 간 온라인 서점의 대표 주자가 바로 아마존이었다. 1995년 7월 처음 등장한 아마존은 전 세계의 서점 비즈니스 전략을 바꿔놓았다. 그런 그들이 플래그십 스토어나 팝업 스토어 같은 이슈 몰이용 공간이 아닌, 본격적인 오프라인 서점을 400개나 만들겠다는 건 도대체 무슨 꿍꿍이일까?

유통은 오프라인에서 먼저 시작되었고, 온라인이 오프라인 중심의 유통 구도를 바꿔놓았다. 하지만 여전히 온라인과 오프라인은 서로 대치되는 개념이 아니다. 엄밀히 말하면 온·오프라인 채널을 둘 다 갖는 것이 유통의 미래다. 온라인이 아무리 편리하다 해도 오프라인의 경험이 주는 만족을 채워줄 수는 없다. 필요한 것과 욕망을 자극하는 것은 분명 다르다. 그리고 쇼핑은 구매를 위한 합리적 행위이기 이전에 즐거운 놀이와 같다. 온라인 쇼핑이 아무리 확대된들 오프라인 쇼핑이 사라질 수도, 사라져서도 안 되는 이유다. 다만 오프라인 유통의 모습은 과거와 달라질 수밖에 없다.

오프라인 서점은 공간의 제약을 받는다. 한정된 공간에 진열할 수 있는 책의 숫자에는 한계가 있다. 반면 온라인은 그렇지 않다. 무한정으로 진열할 수 있다. 그러다 보니 오프라인 서점은 진열대에 표지가 넓게 보이도록 늘어놓는 방식보다 책장에 꽂아두는 방식으로 책을 진열한다. 반대로 온라인에서는 표지를 보여주는 방식으로 진열한다. 또한 오프라인에서는 한정된 공간에서 책을 최대한 팔려면 베스트셀러 중심으로 배치할 수밖에 없다. 그러나 아마존북스는 기존의 오프라인 서점이 해오던 방식을 벗어나 오히려 온라인 서점에서처럼 앞표지가 보이도록 책을 진열했다. 다른 서점에 비해 진열된 책의 수가 적은 대신 판매량으로 집계된 베스트셀러가 아니라 온라인 아마존에서 독자 평점을 4.0 이상 받은 책들을 갖다놓았는데, 검증된 책들 위주로 진열하되 독자의 평가이자 만족도를 근거로 책을 추천하는 것이다. 데이터 분석에 따른 큐레이션인 셈이다.

오프라인 서점에서 독자는 아마존 앱을 통해 그 책의 리뷰를 바로 확인할 수 있다. 또 오프라인 서점 책들에는 가격표도 없는데, 온라인 아마존과 같은 가격인 데다 온라인 행사로 인해 가격이 유동적이기 때문이다. 소비자들은 오프라인에서 책을 보고 있지만, 사실상 스마트폰으로 온오프의 경계를 넘나들며 책에 관한 모든 정보를 확인할 수 있다. 이런 경험은 결국 온라인과 오프라인을 이용하는 모두를 만족시키고, 여기서 얻어지는 고객 데이터도 계속 반영하면서 더 진화된 오프라인 서점 모델을 만들어갈 것이다. 즉 아마존북스는 온라인 서점과 연결된 경험 공간이면서, 아울러 킨들이나 에코, 아마존TV 등 아마존이 만든 각종 디바이스들의 경험 공간이기도 하다.

▶ 아마존북스에서는 기존의 오프라인 서점의 진열 방식에서 벗어나, 온라인에서 검증된 베스트 평점 순위로 책을 진열해 독자 만족도를 중심으로 추천하고 있다.

오프라인 서점과 대적하던 온라인 서점으로서는 온라인의 장점에 집중할 수밖에 없다. 이건 유통업체 어디든 마찬가지다. 하지만 오프라인으로 시작했던 기업이 온라인에 진출하고 온라인에서 시작했던 기업이 오프라인에 진출하면서 점차 온·오프라인을 모두 가진 기업들끼리 서로 경쟁하는 구도가 만들어지고 있다. 그러다 보니 이제는 온라인의 편리함, 오프라인의 경험을 각기 가질 수 있는 유통이 주도권을 이어가기에 유리하다.

이미 사려는 책이 분명하게 정해져 있는 사람은 군이 오프라인 서점에 가지 않는다. 책을 미리 훑어보거나 당장 보고 싶은 것이 아니라면, 온라인에서 구매하는 것이 더 싸고 편리하기 때문이다. 그러므로 오프라인 서점으로 소비자를 오게 하려면, 서점은 소비자가 생각지도 못한 책을 추천하고 구매하게 만드는 역할이 필요하다. 그런 점에서 책 앞표지를 보이게 해서 책 하나하나에 집중할 수 있도록 해주는 것은 중요하다. 요즘 한국에서 큰 이슈가 되고 있는 동네 서점(이전에 동네에서 책만 팔던 작은 책방이 아니라, 문화 공간으로 거듭난 최근의 동네 서점을 지칭)에서도 이런 접근은 중요하다. 덕분에 동네 서점에 갈 때마다 예상치 못한 재미있는 책을 발견하게 된다. 동네 서점의 역할이 소매점보다 책을 잘 골라 추천하는 일종의 큐레이션 매장에 가까워서다. 동네 서점에서는 책을 좋아하는 사람들끼리 독서토론 모임도 하고, 작가의 북토크도 연다. 심지어 맥주를 마시며 책을 읽을 수 있는 서점도 있고, 책 외에도 다양한 디자인상품을 사거나 경험할 수 있는 곳도 있다. 책을 매개로 한 문화 공간이자 하나의 놀이터인 것이다. 이런 경험이 주는 즐거움 때문에 사람들은 이제 다시 동네 서점에 간다.

분명히 동네 서점은 사양 업종이었다. 매년 급감하는 서점의 숫자가 이를 증명했다. 그런데 최근 새로운 컨셉의 동네 서점이 만들어지고, 연예인 등의 유명 인사들이 자기 이름을 내걸고 동네 서점을 열고 있다. 그러나 정확히 말하면 동네 서점의 부활이 아니다. 책 자체만 상품이라 여기던 기존 비즈니스 모델에서 진화해, 책을 즐기는 공간과 다양한 경험들을 상품으로 여기는 새로운 비즈니스 모델이 부상한 것이다. 사실 이는 다른 분야에서는 이미 확장된 비즈니스 모델이다. 이를 브래닉 Brannic 마케팅이라 하는데, 브랜드 Brand 와 피크닉 Picnic 이 합쳐진 말이다. 마치 소풍 가서 놀듯이 즐거운 경험을 할 수 있는 공간은 소비자들이 상업적 공간 이전에 매력적인 공간이자 놀이터로 인식하기 쉽다. 소비자에게 돈을 쓰라고 강요하지 않고 마음껏 즐겁게 놀 수 있는 공간을 제공하면 놀랍게도 소비자는 거부감 없이 더 쉽게 지갑을 연다. 이처럼 지금은 소비자에게 어떤 체험과 경험을 줄 것인지가 가장 중요한 마케팅 수단이 되는 시대다.

흥미롭게도 유통 비즈니스가 가야 할 방향에 대한 인사이트를 요즘은 서점에서 발견할 수 있다. 좋은 책에서 인사이트를 얻는다는 뻔한 이야기를 하려는 것이 아니다. 아주 오래된 비즈니스 중 하나인 서점이라는 공간에서, 업종을 막론하고 마케터나 경영자들이 주목해야 할 비즈니스 인사이트가 쏟아져나오고 있다. 미국의 아마존북스, 일본의 츠타야, 그리고 한국의 수많은 동네 서점들에게서 탁월한 비즈니스의 묘수를 발견하게 된다. 그들은 온라인과 오프라인의 경계를 넘나드는 기술적 문제를 넘어서, 소비자의 체험 및 경험 욕구를 비즈니스에서 어떻게 풀어가야 하는

지를 보여주고 있다. 지극히 단순하고 평범한 듯 보이지만, 사양산업으로 여겨지던 오프라인 서점이 다시 비즈니스 모델로 주목받고 있는 현상은 예사로 넘길 일이 아니다.

《워싱턴포스트》를 인수한
제프 베조스의 도전

신문은 대표적인 사양산업 중 하나다. 21세기 들어 전 세계적으로 신문 사들의 폐간이 줄을 잇고 있고, 특히 2008년 세계 금융 위기를 기점으로 는 위기가 더욱 심화되었다. 퓨 리서치센터의 〈2009 미국 뉴스미디어 현 황 보고서〉에 따르면 2008년의 신문업계 광고 수익은 전년 대비 -16%로 무려 380억 달러가 감소하고, 2009년 한 해에 미국 신문업계가 잃어버 린 정기 구독자 수만 4800만 명이었다. 1863년 창간된 《시애틀포스트인 텔리젠서 Seattle Post-Intelligencer》와 1908년 창간된 《크리스천사이언스모니터 The Christian Science Monitor》가 폐간된 것이 바로 2009년이었다. 폐간까지는 아니더 라도 수많은 신문사들이 매각되거나 대대적인 구조조정을 단행했다.

영국의 유력 일간지 《인디펜던트 The Independent》와 1884년 창간된 캐나다 일간지 《라프레스 La Presse》는 2016년부터 종이 신문을 아예 없애고 온라 인 뉴스만 유지하고 있다. 확실히 종이 신문의 시대는 끝났다. 미국의 양대 신문으로 꼽히는《워싱턴포스트 The Washington Post》와《뉴욕타임스 The New York Times》도 구조조정을 수차례 했다. 이들도 임금 삭감과 정리 해고는 피해 갈 수 없었다. 퓨 리서치센터의〈2016 미국 뉴스미디어 현황 보고서〉에 의하면, 1994년부터 2014년까지 20년 동안 미국 내 신문사의 직원 수는 39% 감소했는데 숫자로는 약 2만 명에 이른다. 그런데 저물어가는 종이 신문에 새로운 투자자가 나타났다. 바로 아마존의 CEO 제프 베조스 Jeff Bezos였다. 2013년 8월, 그는 자신의 사비를 투자하여《워싱턴포스트》를 인수한다. 1877년 창간된 140여 년 전통의 신문사를 2억 5천만 달러에 산 것이다.

《워싱턴포스트》를 인수하면서 제프 베조스는 다음과 같이 말했다. "나는 신문 산업에 대해 아는 것은 없지만, 인터넷에 대해서는 안다." 종이 신문 중심에서 디지털 뉴스 중심으로 전환하겠다는 선언이었다. 자신이 직접 디지털화를 주도하며 사업과 운영 방식에는 개입하겠지만, 신문의 편집 방향 등 저널리즘과 관련해서는 편집국에 일임하고 일절 개입하지 않겠다는 원칙도 내세웠다. 구조조정은 했지만 직원 수는 오히려 늘렸다. IT 인력도 대거 확충했고, 결정적으로 뉴스 제작 인력을 늘렸다. 국내외 취재력을 높이려고 기자와 에디터 50명, 뉴스룸 직원 70명을 각각 증원했다. 콘텐츠 강화가 신문 산업의 위기를 극복하는 기본임을 믿었기 때문이다. 과거에는 신문의 광고 수익이 중요했다면, 콘텐츠가 경쟁력을 지니면 콘텐츠 유료화를 통한 수익이 더 중요해질 수 있다. 제프 베조스는 단순히 투자 수익을 노리고《워싱턴포스트》를 인수한 것이 아니라, 신문 산업의 변화에 도전한 것이다.

제프 베조스는 온라인 독자를 늘리기 위해 아마존도 적극 활용했다. 아마존 프라임 고객들에게《워싱턴포스트》온라인판 6개월 무료 구독 서비스를 제공하고, 무료 이용이 끝난 후에는 정기 구독료를 대폭 할인해 주었다. 그랬더니 자연스럽게 아마존 프라임 회원들이《워싱턴포스트》온라인 독자로 유입되었다. 아울러 온라인 서점과 쇼핑몰 서비스를 통해 노하우가 확보된 아마존의 큐레이션 기술을 적극《워싱턴포스트》에 도입했다. 대표적인 것이 사람들이 읽은 기사의 주요 문구와 내용을 수집 및 분석해 좋아할 만한 다른 기사를 함께 제시해주는 알고리즘인 '클래비스Clavis'다. 클래비스 덕분에 수많은 뉴스 중 관심사와 취향에 맞는 뉴스만 골라서 읽을 수 있게 되었다. 온라인 유료 이용객이 늘면서 매출도 함께 늘어났다. 또한 클래비스를 기반으로 정독한 기사를 통해 관심사를 분석해 여기에 맞는 광고만 노출하는 기술인 '브랜드 커넥트 인텔리전스Brand Connect Intelligence'라는 광고 추천 엔진을 만들었다. 독자의 취향에 최적화된 뉴스와 광고를 노출하면 효과도 높을 수밖에 없다.《워싱턴포스트》가 제프 베조스에게 인수된 이후 편집국에서는 '독자reader'라는 말 대신 '고객customer'이라는 말을 쓰기 시작했는데, 제프 베조스 이전과 이후의 차이를 확연히 보여주는 일례다.

《워싱턴포스트》온라인 사이트의 순 방문자 수unique visitors는 2013년 9월 2600만 명에서 2015년 11월 7156만 명으로 2년 만에 세 배나 늘었다. 2016년 11월에는 9911만 명으로 전년 대비 38.5%가 늘었는데, 2013년

9월에 제프 베조스가《워싱턴포스트》를 인수하고 3년 만에 순 방문자 수가 약 네 배 늘어난 것이다. 2016년 신규 온라인 구독자 수도 전년 대비 75% 늘어나 디지털 구독 수입이 두 배가량 증가했으며 디지털 광고 수입도 전년 대비 40% 이상 증가했다. 2017년엔 기자를 증원하기까지 했다.

신문 산업을 포함해 모든 산업에서 전방위적으로 벌어지고 있는 디지털 트랜스포메이션은 단순히 디지털 기술을 받아들이는 것이 아니라 기존의 업이 가진 모든 것을 재정의해서 새로운 진화를 이뤄내는 것이다.《워싱턴포스트》의 성공적인 변신 이후 수많은 신문사들이 같은 방향을 따르고 있다.《뉴욕타임스》도 그 변화에 적극적으로 뛰어든 신문사다. 2014년 3월,《뉴욕타임스》의 보고서 하나가 미디어업계 종사자들의 시선을 사로잡았다. '이노베이션 Innovation'이란 타이틀의 이 보고서에는《뉴욕타임스》의 디지털 퍼스트 전략이자 신문의 생존을 위한 변화의 요구가 담겨 있었다. 미국의 미디어 시장조사 기관 컴스코어 ComScore에 따르면, 2015년 11월부터 2016년 11월까지《뉴욕타임스》의 온라인 순 방문자 수는 6882만 5천 명에서 1억 1778만 9천 명으로 1년 동안 71.1%나 증가했다. 물론 2016년《뉴욕타임스》와《워싱턴포스트》의 온라인 방문자 수가 증가한 데는 미국 대선의 영향도 무시할 수 없다. 하지만 이들이 종이 신문 중심에서 디지털 중심으로 신문 산업의 미래를 변화시킨 몇 년간의 혁신적인 시도의 결과물로 보는 것이 더 정확하다. 이제 신문사는 언론사에서 IT 기업으로 옮겨가고 있다. 주요 수익처는 광고주에서 유료 독자로 바뀌었고, 독자는 고객이 되었다.

2017년 1월 《뉴욕타임스》는 또 하나의 미래 전략 보고서를 냈다. '독보적인 저널리즘'이라는 제목의 이 보고서는 저널리즘 우위를 통한 독자의 유입, 즉 온라인 뉴스에서 경쟁력 있는 콘텐츠를 통해 독자 유입을 확대시키는 것이 저널리즘의 성장과 신문사의 사업성 증대의 핵심 이슈임을 강조했다. 《워싱턴포스트》와 《뉴욕타임스》가 가는 길은 크게 달라 보이지 않는다. 100년 넘는 전통의 '종이 신문'을 버리는 대신, 더 심도 있고 경쟁력 있는 양질의 콘텐츠에 집중하는 것이 신문이 살아남는 길이다. 신문 산업의 변화, 미래를 위한 생존 전략에서 제프 베조스는 탁월한 안목을 발휘했다. 양질의 콘텐츠에 디지털 기술을 덧입힘으로써 사양산업을 새로운 기회로 만들었다.

홈쇼핑 회사,
영화 정보 스타트업에 투자하다

홈쇼핑 회사가 영화 정보와 리뷰를 보여주는 영화 가이드 애플리케이션을 만드는 스타트업에 거액을 투자했다고 하면 당신은 어떤 생각이 드는가? 홈쇼핑과 영화 가이드에 대체 어떤 상관이 있을까? 얼핏 두 회사가 별 관련이 없어 보인다면 괜한 투자라 여겨질 것이다. 그러나 두 회사의 놀라운 상관 관계를 눈치챘다면 탁월한 투자라고 생각할 것이다. 사실 서로 다른 듯해 보이지만 이 둘은 아주 깊은 연관이 있다. 이 연결 고리를 볼 수 있는 안목을 누구나 지녔다면 여러 홈쇼핑 회사들이 이런 스타트업에 투자를 했을 테지만 실제로는 2011년 5월 GS홈쇼핑이 버즈니(BUZZNI)라는 스타트업에 10억 원을 투자할 당시만 해도 의아한 눈빛을 보낸 이들이 더 많았다. 영화 애플리케이션인 버즈니는 사용자들이 앱에서 올리는 리뷰는 물론, 페이스북과 트위터, 파워블로거의 리뷰 등 인터넷에 있는 영화 리뷰들을 한데 모아 보여준다. 영화 선택에서 리뷰는 많은 영향을 준다. 영화 개봉 때마다 별점과 리뷰를 조작하는 아르바이트가 넘쳐나는 것도 그런 이유에서다. 여기서 리뷰의 신뢰도가 무너지는 문제점이 생긴다. 그래서 버즈니는 '진짜' 영화 관객들의 리뷰를 모으는 기술에 집중했다. GS홈쇼핑은 이 기술을 홈쇼핑 소비자들의 평가를 모으는 데 응용할 수 있을 것이라 생각했다. 버즈니는 GS홈쇼핑의 투자와 제휴로 2013년 '홈쇼핑모아'를 런칭한다. 홈쇼핑모아는 모든 홈쇼핑을 한데 모아놓은, 홈쇼핑 포털 같은 애플리케이션이었다. TV홈쇼핑을 스마트폰 앱으로 옮겨놓은 셈인데, 홈쇼핑이 TV 중심에서 모바일로 옮겨가는 흐름과도 맞아떨어졌다. 홈쇼핑모아의 2016년 거래액은 1114억 원으로, 이는 2015년 대비 280% 증가한 것이다. GS홈쇼핑은 투자금 10억 원을 2015년에 모두 회수했다. 2012년 1.44%(435억 원)에 불과했던 GS홈쇼핑의 모바일 판매 비중은 2013년 8.62%(2783억 원), 2014년 21.3%(7348억 원)가 되었고, 2015년에는 30%를 넘어 판매액도 1조 552억 원이가 되었다. 2016년까지 성장세가 이어져 모바일 판매 비중은 35%, 거래액은 무려 1조 3153억 원이었다.

GS홈쇼핑은 이 투자를 통해 두 마리 토끼를 다 잡았다. 투자한 스타트업이 잘되어 투자금을 회수한 것이 첫 번째 토끼, 홈쇼핑에서 모바일 비중을 끌어올리며 정체된 TV홈쇼핑 사업의 새로운 돌파구를 확보한 것이 두 번째 토끼였다. 이 중 두 번째가 훨씬 더 큰 토끼였다. GS홈쇼핑은 버즈니 투자에 성공한 이후 더 왕성한 투자를 이어갔다. 2011년부터 2016년까지 5년간 열두 개 스타트업에 440억 원을 투자했는데, 벤처펀드를 통한 간접 투자까지 합치면 총 투자액이 1200억 원이 넘는다. 대기업을 공룡이라 부르는 이유는 덩치가 큰 만큼 막대한 자본과 인력으로 시장을 장악할 수 있는 강력한 힘도 지니고 있지만, 비대한 조직이라 시장의 새로운 변화를 따라잡는 데 상대적으로 둔감한 면도 있기 때문이다. 그러므로 대기업은 스타트업에 투자하여 공룡이 가진 약점을 극복할 필요가 있다. 기존 사업에 새로운 비즈니스를 접목하여 활용할 줄 아는, 경계를 넘나들며 새로운 기회를 창출함으로써 탁월한 비즈니스를 만들어낼 줄 아는 안목이 바로 크로스사이트다.

골드만삭스는 월스트리트가 아닌 실리콘밸리에서 논다

2015년 골드만삭스Goldman Sachs는 테크 기업으로의 전환을 선언했다. 정기 주주총회도 월스트리트가 아닌 실리콘밸리에서 몇 년째 하고 있으며, 2013년부터 실리콘밸리의 핀테크^{FinTech} 스타트업에 집중 투자하고 있다. 이렇게 골드만삭스가 실리콘밸리를 중시하는 이유는 금융 서비스와 IT 기술을 결합한 핀테크에서 금융의 미래를 보았기 때문이다. 이들은 금융 회사에서 IT 기술을 도입하는 것 말고 IT 회사가 금융 서비스를 시작하는 것이 핀테크라고 여겼다. 디지털 설비 도입보다 비즈니스의 방향을 테크 기업처럼 전개하는 것이 중요하다고 생각한 골드만삭스는 경영의 방향 전반을 바꾸기로 했다. 150여 년간 자산 1천만 달러 이상의 부유층과 대기업만 상대하던 은행이었지만, 이제는 온라인 소매금융 사업에도 진출하는 등 IT로 인해 변화해가는 금융 환경에 적극 대응하고 있다. 오늘날 금융 회사에서 인공지능, 빅데이터 등은 필수적인 키워드다. 2000년에는 골드만삭스 뉴욕 본사의 보통주 트레이딩 데스크에 근무하는 인력만 600명이었다. 이 트레이더들은 고액 연봉을 받고 시장 동향을 분석해 고객의 주식을 사고파는 일을 했다. 하지만 지금은 단 두 명만 그 일을 하고, 200명의 컴퓨터 엔지니어들이 관리하는 자동화매매프로그램이 트레이더의 역할을 대신 수행하고 있다. 골드만삭스의 전체 직원 중 3분의 1 이상이 컴퓨터 엔지니어인데, 골드만삭스만 그런 것이 아니다. 대규모 인원의 트레이딩 센터를 자랑했던 수많은 금융사들도 모두 변화하고 있다.

한국에서도 시티은행과 KEB하나은행이 점포를 대폭 감축하겠다고 발표했다. 점포에서의 대면 거래는 계속 줄고 모바일과 인터넷 사용은 점점 늘어나니, 은행 직원들의 기존 업무가 바뀔 수밖에 없다. 미국의 캐피탈

원 Capital One 은 은행 점포들을 카페처럼 바꾸고 있는데, 고객을 더 많이 끌기 위해서가 아니라 은행 점포를 없애기 위해서다. 은행 업무와 상관없이 카페 고객을 유치하는 한편, 은행 업무를 보러 점포를 찾는 이들에게는 모바일과 인터넷뱅킹 사용법을 알려준다. 은행 업무를 보러 점포를 찾는 이들이 점점 줄어들면 점포를 없애는 것이 자연스러워진다. 은행뿐만 아니라 다른 금융권도 마찬가지다. 핀테크가 금융의 중심이 되면 기존 금융계는 IT 중심으로 급속 재편될 것이고, 이에 따라 금융사 직원들의 업무도 크게 바뀔 수밖에 없다. 그래서 미국의 금융사들이 대거 테크 기업으로 전환을 지향하고 있다. 우리는 금융사 모두가 자기네가 IT 회사라고 하는 시대에 살고 있다. 그러니 IT를 모르는 금융 회사는 위기를 맞을 수밖에 없다.

제이피모건 J. P. Morgan 의 CFO 마리안 레이크 Marianne Lake 는 2016년 2월에 열린 투자설명회에서, 제이피모건은 4만 명의 기술 인력이 일하고 있고 매년 90억 달러의 IT 예산을 편성하는 테크 기업이라고 발표했다. 한국에서는 현대카드가 테크 기업으로의 전환에 적극적이다. 현대카드 정태영 대표이사 부회장은 "핀테크나 빅데이터, O2O 등 금융상품의 디지털화 말고 회사를 완전히 디지털 조직으로 바꿔가는 것이 목표다. 다른 카드사와 경쟁하는 것이 아니라 아예 새로운 회사를 만드는 방향으로 가는 것이 우리의 디지털 전략이다"라고 말했다. 서로 별개로 보였던 금융과 테크, 이 두 가지 영역을 결합시킬 안목이 있었기에 가능한 전략이다.

당신의 머릿속에서 산업의 경계를 지워라

선입견처럼 자리 잡은 산업의 경계가 크로스사이트를 가로막는다. 서로 다른 것을 연결시키려면, 적어도 그것들을 별개로 여겨서는 안 된다. 경계를 넘나드는 안목을 갖춘 기업들이 새로운 기회를 차지할 수밖에 없다. 글로우캡GlowCap은 사물인터넷을 적용한 약병이다. 약 먹을 시간에 약병 뚜껑을 열지 않으면 알람이 울린다. 심지어 문자도 보내주고 전화까지 걸어준다. 약을 처방받은 사람의 절반 이상이 정확한 복용 시간을 지키지 못한다는데, 글로우캡을 사용한 사람들의 복용 이행률은 무려 98%에 달한다. 약을 챙겨 먹어야 하는 노인 인구가 많아질수록 이런 약병이 더 필요할 것이다. 그렇다면 이런 약병은 어느 분야에서 만들어야 할까? 병원이나 제약 회사? IT 회사? 락앤락 같은 플라스틱 용기 제조업체? 이도 저도 아니면 제3의 스타트업? 사실 이들 중에 누가 만들어도 상관없다. 누구든 만들어도 된다. 이렇듯 어떤 분야든 IT 기술을 응용할 수만 있다면 비즈니스 기회는 얼마든지 생긴다. 더 이상 과거의 산업 카테고리에 매몰되어서는 안 된다. IT에 대한 생각, 산업에 대한 고정관념을 바꾸는 것이 크로스사이트의 기본이다.

구글의 모회사 알파벳Alphabet이 만든 사이드워크랩Sidewalk Labs은 주거 비용, 교통, 에너지 사용 같은 도시문제를 해결하기 위해 도시 인프라 전체를 향상시키는 프로젝트에 초점을 맞춘 기업이다. 구글의 자율주행차가 달리고, 교통·환경·상하수도·행정·의료·교육 등 도시 기반 시설에 빅데이터를 이용한 분석 시스템이 다양하게 적용되는, 한마디로 미래형 스마트시티를 만드는 기업인 셈이다. 한편 도요타Toyota는 "자동차 기술을 담은 집"을 만든다. 철제 구조물을 이용한 건축 공법으로 조립식 집을 짓는데 이 철제에 도요타 자동차의 노하우와 기술을 적용한다. 부식을 막기 위해 자동차 도장에 쓰이는 전착 공법을 이용해 철제를 코팅하고, 철 구조물들을 연결하는 데에도 자동차 제작에 사용되는 용접 및 철제 연결 공법을 적용한다. 이렇게 자동차 생산 공법을 도입하여 내구성을 높이고 집 짓는 속도도 높인 도요타는 여기에 그치지 않고 자동차, 모바일 디바이스와 연결된 미래형 집을 만들고 있다. 집과 자동차의 연결성을 높일수록 미래의 자동차 판매도 늘어난다. 이처럼 오늘날은 IT 회사가 도시를 건설하고, 자동차 회사가 집을 짓는 시대다.

산업의 경계가 사라지면서 특정 분야별 시장점유율의 의미도 점차 퇴색되어가고 있다. 가구 회사와 가전 회사가 경쟁하고, 자동차 회사와 IT

회사가 싸우다가 협력하며, 패션 브랜드가 IT 중심으로 일을 한다. 금융, 의료, 교육, 미디어 등 과거에는 서로 다른 분야였던 사업들이 어느새 경쟁 관계로 엮이기도 한다. 이제는 모든 산업에서 IT를 자유자재로 활용하고, 경계를 넘나들며 비즈니스를 한다. 그중에서도 르네상스 맨이나 멀티플 레이어같이 유독 능수능란하게 경계를 넘나드는 기업들이 있다.

매년 4월 밀라노에서는 세계 최고의 가구박람회가 열린다. 최신 리빙 트렌드를 알 수 있는 이 박람회에 2016년 혁신적인 스마트 테이블이 등장했다. 스웨덴의 디자인 회사 사피엔스톤SapienStone이 선보인 이 테이블은 6mm 두께의 세라믹 타일이 깔린 상판에서 음식을 데우거나 음료를 차갑게 하는 등의 간단한 조리가 가능하다. '냉각, 가열, 조리, 터치 센스, 충전' 등 다섯 가지 핵심 기능이 있어 냉장고, 가스레인지 등의 역할까지 수행

한다. 가구이면서 가전인 셈이다. 우리나라 기업 중 밀라노 가구박람회에 가장 열심히 참석하는 기업이 바로 삼성전자다. 삼성전자는 빌트인이라는 이름으로 가구와 가전의 경계가 사라진 제품을 만들고 있다. 삼성전자가 2015년 유럽에서 먼저 선보이고 2016년 한국에서도 출시한 세리프 Serif TV는 세계적인 가구 디자이너 로낭·에르완 부홀렉 Ronan & Erwan Bouroullec 형제가 이끄는 부홀렉 스튜디오가 디자인한 텔레비전이다. 비트라 Vitra, 아르텍 Artek, 알레시 Alessi 등 세계적인 가구 및 디자인 기업들과 협업 관계에 있던 부홀렉 스튜디오가 처음으로 IT 기업과 협업한 사례이기도 하다. 심지어 삼성전자 웹사이트의 제품 카테고리에서도 세리프TV는 TV 카테고리가 아닌 별도의 카테고리에 있다. 텔레비전으로서의 화질이나 기능보다 가구로서의 속성과 스타일이 더 강조되었다. 한국에서는 삼성 오프라인 매장에서 팔지 않고 고급가구점과 온라인 전용매장에서만 판다. 지금은 가구와 가전의 경계를 따지는 것 자체가 넌센스인 세상이다. 또한 이미 세상 모든 산업이 IT를 흡수하고 있는 시대다. IT 산업이 거침없이 세를 확장할 기회이기도 하다.

2013년 프랑스 명품 패션 브랜드 입생로랑 Yves Saint Laurent의 CEO였던 폴 드네브 Paul Deneve가 애플의 스페셜 프로젝트 담당 부사장으로 이직했다. CEO 팀 쿡이 직접 영입했다고 알려졌는데, 드네브는 랑방 LANVIN의 사장을 지내기도 한 인물이었다. 흥미로운 점은 드네브가 1990년부터 1997년까지 애플 유럽 Apple Europe에서 판매 및 마케팅 업무를 담당했다는 사실이다. IT 회사에서 패션 브랜드로 갔다가 다시 IT 회사로 돌아온 셈이다.

2014년에는 애플이 버버리 ^{Burberry}의 CEO였던 앤절라 아렌츠 ^{Angela Ahrendts}를 유통 담당 부사장이자 경영진으로 영입했다. 버버리에 있을 당시 매출은 두 배, 이익은 다섯 배 증가시킬 정도로 유능했던 그녀의 연봉은 1690만 파운드(약 280억 원)로, 영국 CEO들 중 가장 높은 수준이었다. 그랬던 그녀가 애플에 합류하려고 버버리를 떠났다.

또한 애플은 같은 해 스위스 명품 시계 태그호이어 ^{Tag Heuer}의 글로벌 세일즈 및 리테일 담당 부사장 패트릭 프루니오 ^{Patrick Pruniaux} 역시 영입했다. 그는 스마트워치 프로젝트에 투입되었는데, 때문에 출시 전부터 애플워치가 다른 IT 회사의 웨어러블 디바이스와 달리 고가 시계 시장도 노리고 있다는 해석이 분분했다. 실제로 애플워치는 에르메스 ^{Hermes}와 콜라보레이션을 하기도 했다.

이처럼 IT 디바이스가 패션상품처럼 소비자에게 인식되는 시대다 보니, IT 회사에서 패션 브랜드의 인재를 영입해 가는 것은 보편적인 일이 되었다. 그만큼 IT와 패션 간 업※의 경계가 사라지고 있는 것이다. 이제 패션 분야에서도 IT를 중요하게 다룬다.

영국의 패션 브랜드 올세인츠 ^{ALL Saints}는 2012년 버버리의 디지털 전략 담당 수석 부사장이던 윌리엄 김 ^{Willian Kim}을 CEO로 영입한다. 올세인츠가 디지털 전략을 얼마나 중요하게 여겼는지 알 수 있는 대목이다. 패션 명품이건 유통이건 간에 이제 디지털 전략에 탁월한 기업들이 가치를 발휘하는 시대다. 올세인츠는 전 세계 매장과 물류 및 고객을 하나로 연결하는 실시간 물류 시스템과 결제 시스템을 구축했다. 이 모든 작업을 외부에서 하지 않고 내부의 디지털 전문 인력 100여 명이 코딩부터 플랫폼까지 자체 제작하고 운영한다. 심지어 디지털 혁신 아이디어를 얻기 위해 전 세계 프로그래머들을 초청해 IT 경진대회를 열기도 하고, 새로운 기술을 시도하는 스타트업들을 정기적으로 만나 올세인츠에 필요한 기술을 받아들인다. 패션 기업 올세인츠에게 IT는 조연이 아닌 주연인 셈이다. 패션 브랜드이자 IT 기업이기도 한 것이다. 과거에는 패션과 IT를 서로 다른 산업으로 바라보았다면, 이제는 둘이 하나의 산업이며 모든 산업에서 IT는 필수라는 관점이 상식으로 통하는 시대다.

크로스사이트는 단지 눈으로 여러 분야를 살펴 연결짓는 것이 아니다. 그러므로 다양한 영역의 새로운 정보를 잘 받아들여 사고의 폭을 넓혀놓는 것이 중요하다. 서로 다른 것을 섞고 붙이며 경계를 넘나들기 위해서는, 여러 분야에 관심을 가지는 것은 물론 자신이 가진 관성이나 선입견을 최대한 버리려 노력해야 한다. 다른 분야의 낯선 이야기를 들었을 때 밀어내지 않고 받아들이는 포용적 태도가 필요하다. 세상에 서로 연결되어 있지 않은 것은 없기 때문이다.

크로스사이트를 가진 인재가 필요하다

아프리카 가나 출신의 설치미술가 엘 아나추이 El Anatsui 는 어느 날 작업을 구상하며 걷다가 서아프리카의 도로변에 널려 있는 쓰레기를 발견했다. 노동자들이 마시고 버린 술병 뚜껑들을 그냥 지나치지 않고 자신의 작품으로 연결하고자 한 그는, 금속 뚜껑을 모아서 평평하게 편 뒤 구리 철사로 하나씩 이어 바느질해서 거대한 금속 천 작품을 만들었다. 가까이서는 상표까지도 그대로 보이는 폐기물들이, 멀리서는 크고 화려한 모자이크 무늬의 대형 태피스트리가 되었다. 쓰레기 더미에서 예술을 찾아낸 아나추이는 이제 세계 유수의 미술관이 초청하고 싶어 하는 작가가 되었고, 그의 작품은 미술 시장에서 100만 달러 선에 거래되고 있다. 그가 이처럼 현대 미술계에서 주목받는 작가가 될 수 있었던 것은 편견 없는 눈이 만든 안목 덕이었다.

스티브 잡스는 학창시절 다양한 방면에 취미를 갖고 있었다. 주파수 계수기와 레이저 빔에 관심을 쏟는 동시에 셰익스피어와 고전영화에도 심취했고, 학교 음악부에서 트럼펫을 연주하기도 했다. 기술에 관심을 기울이면서도 예술 분야에도 많은 투자를 한 것이다. 이는 다양한 경험의 이질적 결합과 그에 따른 융복합적 사고를 만들어내는 데 아주 유용했다. 잡스가 엔지니어링 능력과 함께 예술적 감각까지 갖추게 된 것은 다양한 경험 덕분이다. 이 경험들이 그에게 하이테크와 디자인, 콘텐츠를 결합시키는 능력을 키워준 셈이고, 여기서 아이맥, 아이팟, 아이폰, 아이패드 등의 혁신 산물이 나온 것이다. 이미 태블릿PC는 아이패드 이전부터 존재했지만, 아이패드가 출시 즉시 세계적인 베스트셀러로 등극하며 태블릿PC 산업을 부흥시켰다. 이전의 태블릿PC가 기술적 산물이었다면 잡스가 만든 아이패드는 기술과 디자인, 콘텐츠의 융합적 산물이다. 하이테크도 중요하지만, 하이테크만 해서는 결코 새로운 혁신을 이끌 수 없다. 잡스는 하이테크뿐만 아니라 디자인과 문화적 예술성, 콘텐츠에 대한 다양한 경험과 식견, 애정을 지니고 있었기에 사람들이 열광하는 하이테크 미디어를 만들어낼 수 있었다.

외국의 공과대학은 학생들에게 하이테크 외에 예술과 문화 공부도 요구하는 경우가 많다. 가령 브라운 대학교의 화학엔지니어링 학과에서는 역사학을 중요하게 가르치며, 컬럼비아 대학교 공대는 1학년 때 디자인 과목을 필수로 수강하게 한다. 공학적 논리로 설명하지 못하는 것들을 채워주는 동시에 이질적 경험을 통한 융복합적 사고를 키워주기 위해서다. 요즘 대학에서 시도되는 다양한 학문 간 통합은 융복합적인 직관들을 만들어내고 이제껏 없던 새로운 아이디어를 끄집어내는 데에도 유리하다. 이제는 한 가지 분야에만 관심 있는 사람이 각광받던 시대는 갔다. 두루두루 다양한 분야에 관심을 갖는 것이 필요하다.

한 가지를 배워 평생 써먹는 시대는 이제 끝났다. 평생 적어도 서너 가

116

117

지의 직업을 가지며 살게 될 것이므로, 전문 분야를 지속적으로 확장시키는 것이 생존 방법이다. 이왕이면 유사한 영역에서의 점진적 확장보다는 동떨어진 분야를 결합시키는 급진적 확장이 좋다. 당장은 관계가 없어 보이는 분야들도 크로스사이트로 보고 나면 연결 지점이 없을 수 없기 때문이다. 그러니 스스로 안목의 범위를 좁혀서는 더더욱 안 된다.

연결 고리가 겉으로 쉽게 드러나는 것들을 연결하는 것은 누구나 할 수 있다. 비슷한 것들끼리가 아니라, 연관 없어 보이는 것들 간 연결 고리를 찾는 것이 중요하다. 이를 위해서는 여러 영역을 넘나들 수 있어야 하며, 폭넓은 식견과 풍부한 경험을 갖춰야 한다. 많은 것을 볼 수 있는 눈, 무엇보다 관성도 선입견도 없는 눈이어야 한다. 그래야만 진짜 답을 볼 수 있다.

●

경험의 폭을 넓히는 데 돈을 쓰지 않는 자는
창의력을 논하지 말라

소비를 적극적으로 해보는 것도 중요한 경험이다. 물건을 팔겠다는 사람이 정작 스스로는 물건 사기를 꺼리는 사람이라면 어떨까? 머리를 써서 소비자를 설득시키는 데는 한계가 있다. 마음까지 공략하지 못하면 소비가 이뤄지지 않는다. 옷을 만들거나 팔겠다는 사람은 누구보다 옷을 많이 사보고 입어봐야 하며, 자동차도 마찬가지로 자동차를 많이 경험하고 진심으로 좋아해봐야 한다. 해외여행도 가보지 않은 사람이 해외여행상품을 잘 만들어낼 수 있겠는가? 세상에 존재하는 무수한 소비재와 라이프스타일과 직결된 상품과 서비스일수록 경험의 폭과 깊이가 영향을 미치고, 비즈니스 창의력의 바탕이 된다. 재료가 좋으면 좋은 요리를 만들기 더 쉬운 것처럼, 좋은 경험을 한다는 것은 비즈니스 창의력에서도 우위를 가진다. 지금 소비자는 과거에 비해 훨씬 다양하고 풍부한 경험을 갖고 있으며 취향과 안목도 높아졌다. 이들을 상대하려면 경험과 안목에 돈을 투자해야 하는 것은 당연하다. 소비자의 경험과 안목이 진화하고 있으니 비즈니스를 하는 사람도 거기에 발맞추어 진화해야 한다. 소비와 라이프스타일에 있어 충분히 누려본 사람과 그렇지 않은 사람은 애초에 사고의 폭이 다를 수밖에 없다.

문화예술도 적극적으로 경험하고 누려야 한다. 뮤지컬이나 오페라, 연극, 발레, 콘서트, 미술 전시회를 감상하고 향유하는 것을 그저 한가롭고 호사스러운 취미로 치부해버린다면 안목을 키울 수 없다. 가장 창의성 넘치는 분야 중 하나가 바로 문화예술 분야다. 예술가들은 우리가 무심코 지나치는 공간, 사물, 소리, 색채 등에서 새로운 의미를 이끌어내는 능력을 가진 사람들이며, 그들의 새로운 관점은 우리에게 신선한 자극을 준다. 예술가들이야말로 직관적으로 크로스사이트로 세상을 바라보고 그것을 예술적 형상으로 풀어내는 사람들이다. 그들의 넘치는 창의적 에너지를 접하는 것만큼 매력적인 관찰과 경험도 없다.

그런데 문화예술을 보는 것에 그치지 말고 직접 해보는 것도 필요하다.

예술적 경험에서 나온 예술적 창의력이 비즈니스 창의력에도 긍정적인 영향을 미치기 때문이다. 2010년 5월 서울에서 열린 세계문화예술교육대회에《생각의 탄생》의 저자 로버트 루트번스타인^{Robert Root-Bernstein} 교수가 기조연설자로 나왔다. 그는 510명의 노벨상 수상자와 영국왕립협회 회원 1634명, 미국국립과학원 회원 1266명 등을 조사한 결과를 제시하면서 예술이 과학적 능력을 향상시킨다고 말했다. 그에 따르면 보통 과학자와 비교할 때 노벨상 수상자들이 사진작가가 될 가능성은 두 배, 음악가가 될 가능성은 네 배 이상 높았다. 미술가가 될 가능성은 17배, 배우나 무용가 등의 공연가가 될 가능성은 22배나 높았다. 예술적 창의력이 있으면 자기 분야에서 창의적 혁신을 더 많이 할 수 있다는 하나의 증거인 셈이다. 그러니 분야를 막론하고 예술에 대해 관심을 가지고 적극적으로 누리는 것이 중요하다.

스페인 텔레포니카^{Telefónica}는 2017년 4월 초 기준 시가총액이 520억 유로(약 62조 원), 고객 수는 세계 3위인 통신사다. 스페인을 필두로 영국, 독일, 체코 등 유럽과 브라질, 멕시코, 우루과이 등 중남미에서 사업을 하고 있다. 총 21개국에 직원만 12만 5천 명이다. 이 회사에서는 입사 후 1년이 지난 직원들을 6개월씩 해외 지사로 순환 근무를 보내 반드시 해외 지사의 새 팀에서 새로운 업무를 배우게 한다. 이를 통해 유연한 사고를 배우고 시야도 넓게 하려는 의도다. '인사이트 트립^{Insight Trip}'이라는 이름으로 해외 유수 기업을 탐방하거나 세계적으로 이슈인 트렌디한 곳을 찾아가는 프로그램을 운용하는 기업도 꽤 많다. 현대카드 정태영 대표이사 부회장도 인사이트 트립에 대해 "혼자서 가기 힘든 상상력의 도달점을 넓히는 역할을 하고 있다"라고 인터뷰한 적이 있다. 물론 모든 회사가 이런 정책을 시행할 수는 없다. 다만 시야를 넓히는 것이 중요하다는 점은 늘 기억해야 한다. 그래서 수많은 경영자들이 직원들에게 휴가 때 해외여행을 가거나 다양한 새로운 경험을 하도록 적극 권한다. 장기휴가를 도입하는 기업들이 기대하는 것도 이러한 점이다. 회사가 안목과 경험을 넓히는 데 모든 지원을 다 해주지는 못할 망정 적어도 잦은 야근과 연차마저도 다 못 쓰는 상황은 만들지 말아야 한다. 일과 삶의 균형은 창의적 사고를 키우는 데도 필요하다.

●

그는 매일 다른 사람과 함께 점심을 먹는다

스타벅스^{Starbucks} CEO 하워드 슐츠^{Howard Schultz}는 매일 다른 사람과 점심식사를 하는 것으로 유명하다. 점심시간이 밥을 먹는 시간이라기보다 다른 사람들의 생각을 듣고 시각을 넓히는 시간인 셈이다. 사실 성공한 CEO들 중에는 유독 점심때 다양한 사람들과 식사를 하는 이들이 많다. 자기 생각만 고집하며 독선에 빠지지 않는 CEO가 결국 성공하는데, 이들은 평소늘 다른 사람들과 교류하며 공유하는 것을 습관처럼 즐긴다. 우리의 점심시간은 어떤가? 매일 다른 사람과 먹기 힘들다면, 적어도 매번 다른 주제로 이야기해보려는 노력이라도 할 수 있지 않을까?

　모두가 슐츠처럼 하자는 것이 아니다. 자기 성향에 맞는 방식을 찾으면 된다. 가령 분야별 전문 잡지를 지속적으로 보거나 각 분야의 컨퍼런스나 세미나에 꾸준히 가보는 것도 좋다. 이 모두가 다른 영역과의 교류 방법이자 생각의 폭을 넓히는 방법이다. 자기 것만 고집하면 사고의 폭이 좁아지고 편협해질 수 있다. 그렇다고 생각의 폭을 넓히는 데만 집중하라는 것이 아니다. 적어도 자기 분야에는 좁고 깊게 파고 들어가되, 그 외 다른 영역에 대해서는 깊이는 몰라도 넓이라도 챙기자는 것이다. 다양한 분야로 관심이 넓어지면서 그것이 깊이로도 이어진다면 크로스사이트를 갖출 최고의 환경이 된다. 무엇보다 자기가 잘 모르는 새로운 분야에 계속 관심을 가지는 태도가 중요하다.

　또는 서로 다른 분야의 사람들이 모여 전문성을 공유하며 교류하는 자리를 만들 수도 있다. 크로스사이트는 책만 봐서 되는 것이 아니다. 자신의 분야에서 깊은 경험을 쌓았듯이 다른 분야에 관해서도 풍부한 경험을 해봐야 한다. 각 분야의 전문가들과 교류하는 기회를 늘리면 자신이 잘 모르는 분야에 대한 이해도를 끌어올릴 수 있다. 다양한 분야의 사람들이 모여서 전문성을 공유하는 자리가 무엇보다 많아져야 하는데, 인맥 쌓는다며 잦은 술자리와 경조사에 쫓아다니는 것보다는 스터디그룹을 하는 것이 백배 유용하다.

　"여기, 나보다 현명한 사람을 주위에 모으는 기술을 알고 있었던 한 인간이 잠들어 있다." 철강왕 카네기가 자신의 생전에 쓴 묘비명이다. 그는 우선 명확한 목표를 설정한 뒤 관련 전문가와 상상력을 지닌 사람들, 그리고 그의 능력을 현실화시키는 데 필요한 능력을 지닌 사람들을 자기 주위로 끌어 모았다. 탁월한 생각을 갖추는 방법은 두 가지, 즉 스스로가 탁월한 생각을 하는 사람이 되거나 탁월한 생각을 가진 사람들과 어울려 그들의 생각을 흡수하거나다. 카네기는 이를 모두 활용했다. 크로스사이트는 안목의 확장이자 사고의 확장, 그리고 기회의 확장이다.

크로스사이트는 협업을 위해서도 필요하다

전구는 토머스 에디슨이 혼자 발명하지 않았고, 비행기도 라이트 형제가 혼자 만들지 않았으며, 아이폰도 스티브 잡스가 혼자 만들지 않았다. 미켈란젤로의 시스틴 성당 벽화는 열세 명의 화가들이 함께 그린 것이고, 원자폭탄을 만든 맨해튼 프로젝트나 인간이 달에 처음 발을 디딘 것도 수많은 사람들의 협업이 있었기에 가능했다. 일론 머스크^{Elon Musk}도 마크 저커버그^{Mark Zuckerberg}도 혼자 일하지 않는다. 카리스마 넘치는 혁신가로 다소 독선적으로 보이는 일론 머스크도 직원들에게 자신이 의사 결정을 할 문제를 설명하는 데 시간을 투자한다. 테슬라^{Tesla} 전 직원들에게 보낸 이메일에서는 "어떤 일이 제대로 되기까지 회사 내의 여러 사람들과 소통해야 할 의무가 있다"라고까지 말하며 내부 소통의 중요성을 강조했다. 이렇게 하는 이유는 함께 일을 해야 하기 때문이다. 더 이상 독선적인 불통 리더로는 혁신적인 사업을 끌고 나갈 수 없다. 심지어 마크 저커버그는 별도의 사무실 없이 팀원들과 같은 공간에서 일을 한다. 원활한 소통을 중요시하는 것은 그만큼 협업의 중요성을 인식해서다. 이렇듯 창의성은 혼자가 아니라 함께 협력할 때 비로소 완성된다. 타인과 협력하고 호흡을 맞추는 능력도 창의력에 있어 중요한 과제다.

세계적인 디자인 컨설팅 기업 아이디오에서는 직원 누군가가 아이디어를 제안하면 다른 직원들이 즉시 피드백을 한다. 필요한 인원이 모여 신속하게 정보를 공유하고 피드백을 하며, 프로젝트가 완성되면 다시 해체한다. 직원들은 하나의 팀에서 일할 수도 있고 여러 팀의 프로젝트에 참여할 수도 있다. 아이디어를 제공한 사람이 팀장이 되는데, 신입사원이 팀장을 맡을 수도 있다. 직위는 중요하지 않다. 다만 프로젝트 경험이 있는 선배들이 코칭해주어 프로젝트가 원활하게 운용되도록 돕는다. 조직의 수평화가 수직화보다 개개인의 창의성을 끌어내기에 훨씬 유리하다.

부족한 개인을 채워줄 수 있는 것이 바로 조직이다. 당신은 혼자가 아니다. 부족한 것은 다른 사람들에게 도움을 받고, 여럿이 모여 서로 부족함을 채우며 공동의 목표를 진화시키면 된다. 좋은 아이디어는 혼자 고민하지 말고 여러 사람에게 알려 검증받는 것도 좋다. 검증과 비판 속에서 당신의 생각은 더욱 진화한다. 타인과의 네트워크를 통해 크리에이티브를 상시적으로 키워내자. 모두와 동지가 되자. 상대를 존중하고, 상대의 크리에이티브에서 배울 점을 찾아내려고 궁리하자.

소셜 네트워크를 통해 수많은 사람들과 원활하게 교류하는 지금, 팀워크는 속한 조직 내에서만 이뤄지는 것이 아니다. 팀워크를 발휘할 기회는 얼마든지 많다. 지구 반대편에 있는 익명의 누군가와도 창조의 동지가 될 수 있다. 일시적 팀워크가 필요한 경우도 생긴다. 이를 위해서라도 안목의 폭이 넓어야 한다. 다른 분야에 대한 이해와 경험이 중요한 이유다.

비즈니스에서는 생태계도 아주 중요하다. 아무리 기술이나 제품이 탁월해도 혼자서는 성공에 역부족일 때가 있는데, 자기 기업만 독불장군 식으로 밀고 나가다간 다른 기업들의 연합전선에 밀려 탁월한 제품을 가지고도 실패할 수 있다. 대표적인 사례가 소니Sony가 만든 비디오플레이어 베타맥스Betamax다. 베타맥스는 JVC가 만든 VHSVideo Home System 보다 크기도 작고 화질도 더 뛰어났지만, 소니가 배타적인 라이선스 정책을 펴 기술도 공유하지 않고 고가 전략을 펴는 바람에 기계값이 터무니없이 비쌌다. 베타맥스 규격을 이용한 콘텐츠를 출시하려면 폭력적이거나 외설적인 내용을 규제하는 소니의 요구를 따라야 했는데, JVC는 오히려 포르노 제작사와 계약해 북미 성인용 비디오 시장을 점령해버렸다. 그래서 베타맥스로는 오로지 영화만 볼 수 있었지만 VHS로는 영화는 물론이고 성인 비디오까지 볼 수 있었다. 가격까지 저렴했다. 이런 상황에서 화질과 크기 따위는 문제가 되지 않았다. 콘텐츠 규모 면에서 차이가 크게 나면서 1984년 25%였던 베타맥스의 점유율은 1986년 7.5%까지 떨어졌고, 결국 1988년 소니도 VHS 비디오 데크를 제조하며 자신들의 패배를 인정했다. 소니가 자기 기술만 믿고 배타적으로 굴기보다 콘텐츠 생태계를 위해 문을 활짝

열었더라면 결과는 달라졌을 것이다. 이처럼 크로스사이트는 탁월한 비즈니스를 위한 중요한 시작점이다.

낯설지만 현실적인 대안을 찾는다

2010년 3월 천안함 침몰 사건 당시 군 당국은 잠수요원을 구조에 투입했다. 그런데 기상 여건도 좋지 않은 데다 잠수요원이 한 번 잠수해서 작업할 수 있는 시간은 고작 5~7분 정도였다. 구조가 더뎌지자 한 어선 선장이 직접 찾아와 새로운 제안을 했다. 쌍끌이 어선을 구조 활동에 활용해보라는 아이디어였다. 쌍끌이 어선은 두 척의 배가 한 틀의 대형 그물로 바다 저층을 훑어서 조업하는데, 이 '쌍끌이 기선 저인망' 방식은 그물 크기에 따라 해저 100m까지 수색이 가능하다. 군 당국은 이 아이디어를 받아들였다. 분명 쌍끌이 어선은 고기를 잡는 용도다. 하지만 생각을 조

126

VHS

Betamax

금 바꾸면, 바닥에 가라앉은 시신이나 유류품을 찾는 데 효과적인 선택일 수 있다. 실제로 어뢰의 프로펠러를 비롯한 중요한 증거품을 찾는 데 결정적 역할을 했다. 이종 결합이 주는 창의적 사고가 큰 역할을 한 셈이다. 외국의 전문가들은 쌍끌이 어선으로 수색하겠다는 한국의 발상에 처음에는 회의적이었다. 그들에게는 이 낯선 시도가 원시적인 방법으로 보일뿐더러 즉흥적인 임시변통 같게 여겨졌기 때문이다. 하지만 그것이 바로 창의적 발상이다. 덕분에 이 방법은 낯설기는 하지만 가장 현실적인 대안이 되었다.

지난 2015년 문경시는 120개국 7300여 명의 선수단이 참가하는 세계 군인체육대회를 앞두고 선수단의 숙소 문제로 고민하고 있었다. 여느 대회처럼 선수촌 아파트를 지으면 800억 원의 예산이 들었다. 대개 분양을 통해 그 비용을 충당하지만 인구 7만의 지방 소도시에서는 미분양 가능성이 높았다. 그래서 그들은 캠핑용 캐러밴 Caravan 으로 선수촌을 만들기로 했다. 대당 2650만 원에 제작한 캐러밴을 대당 1천만 원의 임대료를 내고 사용하고, 대회가 끝난 후에는 일반 분양해서 제작비를 충당한다는 계획이었다. 캐러밴 선수촌에 들어간 비용은 35억 원이었다. 결과적으로 아파트를 지었을 때보다 예산을 765억 원이나 절감한 셈이다. 심지어 캐러밴 분양은 3주 만에 매진될 정도로 성공적이었다. 만약 선수촌 아파트를 지었다면 엄청난 적자를 떠안았을 것이다. 비록 남들이 안 해본 방식이지만, 캠핑이 트렌드가 되어 캠핑카를 갖고 싶어 하는 사람들이 늘어난 상황을 제대로 본 것이다.

자동차를 소유한 사람은 주기적으로 주유소에 간다. 그런데 더 이상 주유소에 가서 연료를 넣지 않아도 되는 아이디어를 생각해낸 곳이 있다. 바로 찾아가는 주유 서비스 필드 Filld 다. 운행 차량 연료통의 기름이 부족해지면 주유 여부를 스마트폰을 통해 묻고, 필드 직원이 기름탱크 트럭을 가져와서 주차장에 있는 고객의 자동차에 주유를 해놓고 간다. 고객은 주유된 양만큼만 추후 정산하면 된다. 고급차인 벤틀리 고객을 위한 필드 포 벤틀리 Filled for Bentley 서비스가 캘리포니아에서 먼저 시행되었고, 미국 전역으로 서비스를 확대할 계획이다. 필드와 비슷한 비즈니스인 부스터 퓨얼스 Booster Fuels 는 로스 페로 주니어 Ross Perot Jr. 와 MS의 공동 창업자 폴 앨런 Paul Allen 등의 투자를 받아 텍사스에서 사업을 시작해 미국 전역으로 확대

중이다. 이처럼 자동차에 연료를 넣기 위해 무조건 주유소에 들러야 한다는 생각도 점차 바뀌고 있다.

위 세 가지 사례들은 모두 기존에 없던 방식이자 서로 다른 영역의 결합이다. 문제를 해결하기 위해 최선의 방법을 찾았고, 최선의 방법에 걸림돌로 작용하는 고정관념을 깬 선택이 결국 최상의 결과를 가져왔다.

○

만약 그가 겨울철 보리밭을
지나가본 적 없었다면 어땠을까?

1952년 12월 미국의 아이젠하워 대통령이 부산의 유엔군 묘지를 방문하기 직전의 일이다. 당시 대통령에게 황량한 묘지를 보이고 싶지 않던 미군 측은 한겨울임에도 유엔군 묘지를 푸른 잔디로 꾸며 달라는 입찰을 냈다. 요즘이면 그나마 온실에서 키우는 잔디나 인조잔디를 이용해서라도 만들어냈겠지만 당시로는 불가능한 일이었다. 그런데 모두가 안 된다며 포기할 때 그것을 간단하게 해결한 사람이 있었다. 그는 낙동강변의 보리싹을 수십 트럭 싣고 와서 유엔군 묘지를 순식간에 푸르게 만들어놓았다. 한겨울에도 파랗게 돋아나는 보리싹을 활용한 것이다. 과연 이 사람은 누구일까?

워낙 유명한 일화라서 당신은 이미 그가 누구인지 눈치챘을 것이다. 바로 정주영 회장이다. 미군 측에서 원하는 것은 푸르게 꾸민 유엔군 묘지이지, 그것이 잔디건 보리싹이건 문제되지 않았다. 한겨울에 잔디가 없다며 포기한 사람들은 문제에 관성적으로 접근한 것이고, 잔디 대신 보리싹으로 미군의 요구를 충족시킬 수 있다고 생각한 정주영 회장은 문제에 창의적으로 접근한 것이다.

이 사례에서 주목할 점은 그가 겨울에 보리싹이 난다는 것을 알고 있었다는 사실이다. 그가 만약 겨울철 보리밭을 지나가본 적 없다면, 겨울에도 푸른 보리싹이 돋아나 있는 것을 눈으로 본 적이 없다면 이런 해법을 생각해낼 수 없었을 것이다. 보는 만큼 생각한다는 것은 여기서도 증명된다. 만약 그에게 보리밭에 대한 기억이 없었다면, 다른 사람들처럼 겨울에는 푸른 잔디가 없다는 사실에서 생각이 멈춰버렸을 수 있다. 그렇기 때문에 무엇보다도 경험과 다양한 영역에서 풍부한 안목을 쌓는 것이 중요한 것이다.

한국인이 특히 좋아하는 소설가 베르나르 베르베르는 어려서부터 개미 탐구를 즐겼던 덕분에 《개미》라는 독창적인 소설을 쓸 수 있었다. 영화계의 이단아이자 도발적인 발상으로 마니아들의 지지를 받는 영화감독 쿠엔틴 타란티노는 정규 교육으로 영화를 배우지는 않았지만 비디오 가게에서 일하며 수많은 B급 영화들을 탐닉한 덕분에 독특한 색깔을 가진 영화감독이 되었다. 놀라운 판타지를 선사해주는 최고의 애니메이션 감독 미야자키 하야오는 어려서부터 만화를 좋아하고 즐겨 읽었던 덕분에 애니메이션 분야에서 일을 시작하게 되었고, 좋아하는 일을 열정적으로 하다 보니 자기 분야에서 최고가 되었다. 무언가를 좋아하는 것은 창의력을 개발하는 데 최상의 조건이다. 해야만 해서 하는 것과 좋아서 하는 것은 천지차이다. 좋아하는 것을 하면 자연히 그 일을 보는 안목도 더 깊어지게 마련이다.

1950년대, 비서로 일하던 벳 맥머리 Bette Clair McMurray는 타자기로 서류를 작성하는 일이 많았다. 오타를 지우려면 잉크가 번져서 서류뿐 아니라 서류철까지 지저분해졌지만 어쩔 수 없었다. 아마추어 화가이기도 했던 그녀는 화가들이 그림 위에 물감을 덧칠하여 그림을 고치는 것을 보고, 오타 위에 흰색 물감을 덧칠해 글자를 수정하는 방법을 생각해낸다. 그리고 아들의 화학 교사에게 도움을 받아 덧칠 후 빠르게 건조되는 수정액을 개발하기에 이른다. 그녀가 세운 리퀴드 페이퍼 Liquid Paper 사는 나중에 질레트 Gillette 사에 약 48만 달러에 팔렸고, 2000년까지 로열티를 받았다. 그녀가 죽은 후 아들은 유산으로 2500만 달러를 물려받았는데, 그가 바로 1960~1970년대를 풍미한 밴드 몽키스의 멤버 마이클 네스미스 Michael Nesmith다. 뮤직비디오에 관심이 있었던 그는 1970년대 후반 뮤직비디오를 틀어주는 텔레비전 쇼 팝클립스 Popclips를 기획하는데, 이것이 바로 MTV의 전신이다. 흥미롭게도 어머니와 아들 둘 다 다른 영역을 결합시켜 세상에 없던 것을 만들어냈다. 그리고 두 사람 모두 자신이 경험하고 지켜본 것에서 탁월한 아이디어를 얻었다. 정보보다는 경험과 안목이 중요한 이유가 여기에 있다. 정보는 이용하는 사람의 안목이 없다면 흩어져 있는 자료 더미에 불과하다.

창조적 안목은 어떻게 넓어지는가?

크로스사이트를 갖추려면 좋은 취향과 안목이 필요하다. 아는 만큼 보인다. 경험한 만큼 보이고 느낀다. 그래서 지식과 경험은 동시에 필요하다. 관심사의 스펙트럼이 넓은 사람이 크로스사이트를 갖추기에 유리하다. 모든 분야의 전문가가 될 수는 없지만, 다양한 분야에 관심을 가질 수는 있다. 관심이 경험을 낳고, 그런 경험이 쌓여 안목을 만든다. 그래서 한 분야에만 파고들고 고집과 관성으로 뭉친 사람에게 크로스사이트를 기대하기란 어려울 수밖에 없다.

워런 버핏 Warren Buffett 의 오랜 파트너인 찰스 멍거 Charles Munger 도 고립되어 있는 사실을 그냥 기억만 하는 것은 제대로 아는 것이 아니라며, 그 사실들을 혼합해 조직해보라고 했다. 그리고 머릿속에 자신의 경험을 정렬하고 정리할 수 있는 모델을 갖고 있어야 개별적인 사실들을 세밀하게 맞출 수 있다고 했다. 찰스 멍거의 투자 철학은 결국은 새로운 사실, 아이디어들도 다양한 경험을 통해 서로 연결되며 의미를 창출해낸다는 점에서 크로스사이트와 일맥상통한다.

일상의 영역에서도 다양한 경험이 가능하다. 예를 들어 요리는 가장 실용적이면서 재미있는 놀이이자 훌륭한 창의력 트레이닝 방법이다. 요리에서는 재료의 결합과 조화가 핵심이다. 즉 요리를 통해 결합과 조화에 대한 실질적인 경험을 얻을 수 있다. 식당 주방장이 아니고서야 우리에게 요리는 먹는 것에 목적이 있다. 냉장고를 뒤져 이미 있는 재료로 최대한 맛있게 먹을 수 있는 음식을 궁리해보자. 여기가 바로 결합의 능력이자 창의력이 발휘되는 지점이다. 레시피에 의존하다 보면 오히려 자기 취향을 잃어버릴 수 있다. 음식은 나만 맛있으면 되는 거다. 그런 점에서 우리는 모두 요리를 할 수 있고, 요리를 통해 즐거움을 만끽할 수 있다. 요리는 여간 통합적인 작업이 아니다. 어떤 날에 누가 먹을지에 따라 적절한 메뉴를 골라야 하고, 재료의 결합과 조화도 생각해야 하며, 냄새와 맛, 영양, 멋도 생각해야 한다. 처음에는 어려울지 몰라도 점점 익숙해지면서 놀라운 요리를 개발하게 될 것이다. 누군가는 라면에 치즈를 넣고 심지어 초콜릿까지 넣는다. 이런 것이 다 퓨전이며 우리가 시도해볼 수 있는 가장 손쉬운 결합이다. 결합의 원리는 머리가 아닌 몸으로 익히는 것이 가장 강력하다.

신문을 볼 때도 정치나 경제, 사회, 문화 등 신문 지면에 구분되어 있는 정보들이 실상은 서로 연결되어 있다는 것을 느껴야 한다. 그 연결 고리를 보려 애써야 한다. 그러기 위해서는 오랜 기간 신문 보는 습관을 들여야 한다. 다른 것보다도 신문은 매일, 그리고 일상적으로 접할 수 있는 매체이므로 더 유용하다. 아울러 다양한 분야의 정보를 폭넓게 받아들이는 가장 쉬운 방법이기도 하다.

우리는 가끔 대단해 보이는 방법들만 좇는다. 일상적이고 사소한 것들이 꾸준히 쌓이면 얼마나 강력한 힘을 발휘하는지에 대해서는 간과한다. 그러나 탁월한 안목을 지닌 이들은 그 사소함에 집중한다. 1에서 1%를 더하면 1.01이고 1%를 빼면 0.99이다. 1.01과 0.99는 겨우 0.02 차이다. 그러나 1.01을 365번 제곱하면 약 37.8이 되고, 0.99를 365번 제곱하면 약 0.026이 된다. 0.02라는 미미한 차이가 쌓이고 쌓여 37.8이란 큰 차이를 만들어낸다. 하루에 해야 할 목표를 누군가는 1.01만큼 달성하고, 누군가는 0.99만큼 달성했다고 생각해보자. 하루만 보면 별 차이 없지만, 1년이 지나면 절대 극복 불가능한 간극이 생긴다. 동시대에 태어나고 자란 동창 친구들을 떠올려보자. 분명 과거에는 비슷했지만 수십 년이 지나 비교할 수 없을 정도로 간격이 벌어진 경우를 종종 목격한다. 결국 꾸준히 쌓은 능력만큼 강력한 것도 없다. 창의력은 바로 오래 꾸준히 쌓여 탁월해지는 능력이다.

안목을 쌓는 데는 멈춤이 없다. 지속적으로 안목을 쌓지 않으면 창의력은 사라진다. 창의력은 타고날 수는 있어도, 타고난 그대로를 평생 써먹을 순 없다. 창의력에도 시의성이 있고 유통기한이 있기 때문이다. 특히 산속에 혼자 고립되어 세상과 단절된 채로 지내는 사람에게서는 비즈니스 창의력을 기대할 수 없다. 사람과 시장, 사회, 기술과 산업을 계속 살피는 자에게 더 좋은 비즈니스 창의력이 생긴다. 우리가 진짜 갖고 싶어하는 창의력은 자기만의 세계로 몰입하는 예술적 상상력이 아니라, 현실에서 더 나은 문제 해결에 도움이 되는 비즈니스 창의력이다. 당연히 지속적으로 더 좋은 안목을 쌓은 사람이 유리할 수밖에 없다.

당신이 아는 창의력 함양 방법은 다 잊어라. 집단지성도 좋고 브레인스토밍도 좋고 트리즈TRIZ도 좋다. 하지만 여럿이 모여 머리를 맞댄다고 해서 창의적인 답이 나오는 것이 아니다. 공식처럼 섞고, 붙이고, 뒤집는다고 비즈니스 혁신이 되는 것이 아니다. 새로운 경험과 정보로 자신을 업그레이드하지 않는 사람들끼리 모여봤자 시간 낭비일 뿐이다. 지금은 속도의 시대이며, 4차 산업혁명 등 세상의 판이 급변하고 있는 시대다. 과거의 사고법으로는 절대 비즈니스에서 앞서갈 수 없다. 비즈니스 혁신도 안목에서 출발한다. 네 가지 특별한 안목 중 가장 현실적인 안목이 바로 크로스사이트다. 우리의 일상에 대한 관찰부터 소비자와 시장의 트렌드, 새 기술이나 새 비즈니스 모델, 새 정책이나 새롭게 떠오르는 문화 이슈 등 다른 듯하지만 서로 연결되어 있는 요소들을 들여다보는 것에서 현재의 비즈니스 문제들 상당수가 해결될 수 있다.

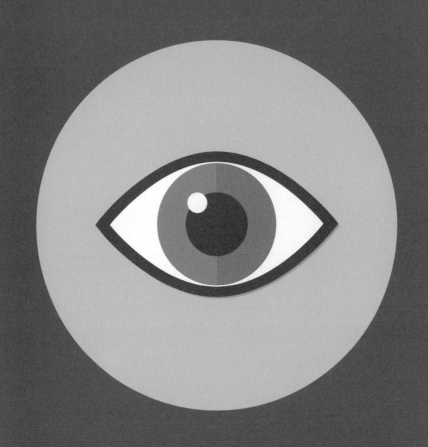

항상 미래의 시점에서 본다
Fore-sight : 넘나드는 눈

지금은 비즈니스 세계에 입문하기에 기막히게 좋은 시기다.

왜냐하면 비즈니스 세계는 지난 50년 동안보다

향후 10년간 훨씬 더 많이 변할 것이기 때문이다.

빌 게이츠 † 마이크로소프트 창업자

빌 게이츠는 타임머신을 타고 미래를 보고 왔을까?

2015년 4월, 미국 《비즈니스인사이더》에서 빌 게이츠가 1999년에 한 열다섯 개의 예언이 무서울 정도로 정확하게 맞아들어간 것에 관해 기사를 낸 적 있다. 빌 게이츠는 1999년 출간한 《빌 게이츠@생각의 속도》라는 책에서 미래 기술 열다섯 가지를 언급했는데, 20년 가까이 된 지금 그 기술들이 거의 다 실현되었다. 그는 언제 어디서든 연락 가능하며 전자 거래를 할 수 있는 작은 단말기를 가지고 다닐 것이고, 이 단말기로 뉴스를 보고 예약 항공편을 확인하며 증시 정보를 얻는 등 거의 모든 일을 할 수 있을 것이라고 예측했다. 이는 스마트폰과 스마트워치로 실현되었다. 스마트폰의 대중화를 이끈 아이폰은 2007년에 나왔고, 지금은 스마트폰 없이는 못 살 것 같아 보이는 사람들이 대부분이다. 아마존 에코와 같은 인공지능 음성 비서도 예상했는데, 집이나 사무실의 모든 장치를 스마트하게 연결해주고 이메일도 확인해주며 음식의 조리법도 알려줄 것으로 내다봤다. 실제로 아마존 에코는 2014년 처음 나온 이후 계속 진화하고 있으며 구글과 애플 등에서도 인공지능 음성 비서를 만들고 있다.

또한 친구와 가족을 위한 개인 웹사이트가 일반화되고 채팅을 상시로 할 수 있는 소셜 네트워크 서비스를 예상했는데, 바로 트위터와 페이스북으로 현실화되었다. 2004년에 시작된 페이스북은 현재 사용자 수만 20억 명이 넘는다. 구직자들은 온라인에서 자신의 관심사, 필요한 사항, 특화된 기술을 소개하고 고용 기회를 찾게 될 것이라고도 예상했는데, 구인·구직 서비스이자 글로벌 비즈니스 인맥 사이트의 대명사인 링크드인 Linked in 을 연상시킨다. 2003년부터 본격적인 서비스가 시작된 링크드인의 현재 사용자 수는 5억 명이 넘는다. 사람들이 자신들에게 영향을 끼칠 지역 정치, 도시계획, 안전 같은 주제에 관해 인터넷에서 토론할 것이라는 예측도 했는데, 트위터나 페이스북이 리비아, 튀니지, 이집트의 정치 혁명에 큰 역할을 했다는 점을 보면 이 예측 또한 현실이 되었다. 온라인을 통해 집 밖에서도 집 안을 계속 모니터링하게 될 거라는 예측도 실현되었고, 결제를 위해 구

▷ 온라인을 통해 집 안을 모니터링할 것이라는 빌 게이츠의 예측이 '스마트홈'으로 실현되었다. 이러한 빌 게이츠의 정확한 미래 기술 예측은 당시 기술과 비즈니스 상황에 대한 깊은 이해에서 나왔다.

매자와 판매자가 만나 사인하고 현금을 주고받는 시대는 끝나고 인터넷으로 결제하고 재정 관리를 할 것이라는 예측도 페이팔^{PayPal} 같은 결제 서비스와 온라인 대출 서비스로 현실화되었다. 심지어 지금은 인터넷 결제가 가장 보편적 결제 방식이 될 만큼 대중화되었다. 이 밖에 헬스케어, 사물인터넷, 스마트 광고, 맞춤형 광고, TV 생방송과 웹사이트의 실시간 연결 등도 모두 현실이 되었다. 말 그대로 선견지명이다. 어떻게 빌 게이츠는 미래를 정확히 예측할 수 있었을까?

빌 게이츠의 미래 기술 예측은 당시 기술과 비즈니스 상황에 대한 깊은 이해에서 나왔다. 이런 기술 예측은 시기와 방향이 중요한데, 적어도 방향만큼은 정확했다. 이는 그가 탁월한 엔지니어로서 IT 기술을 잘 알고 있었고, 가장 영향력 있는 IT 회사의 수장으로서 IT 산업에 영향력을 계속 미칠 인물이었다는 점과도 연결된다. 빌 게이츠가 예측한 미래 기술은 그가 확신한 미래의 방향이기도 하다. 수많은 이들이 그가 제시한 방향에 영향을 받았을 것이고, 그가 그린 미래로 유도될 수밖에 없었다. 그가 생각한 미래가 시간이 지나 전 세계의 현재가 되었다는 점은 미래를 보는 안목이 얼마나 중요한 것인지를 보여준다.

미래는 오기 전에는 볼 수 없다고? 아니다. 미래는 꾸준히 단서를 제공한다. 그래서 누군가는 남들보다 먼저 미래를 그려낼 수 있는 것이다. 과거와 현재를 읽는 눈이 미래도 볼 수 있다. 포사이트가 바로 시간을 넘나드는 눈이다. 일종의 망원경이자 카메라의 줌 기능과도 같은 포사이트를 통해 남들보다 먼저 미래를 볼 수 있다는 것은 아주 매력적인 무기가 아닐 수 없다.

미래를 정확히 알 수는 없지만 어떤 방향으로 올지는 예측 가능하다. 그래서 다양한 미래 예측을 통해 한발 앞서 미래를 준비하려 하는 것이다. 우리에겐 생각의 타임머신이 필요하다. 물론 미래는 단수가 아닌 복수로 온다. 미래는 여러 가능성을 내포하고 있다. 미래가 가까워지면서 여러 시나리오 중 좀 더 현실화 가능성이 큰 시나리오들이 추려지고, 그렇게 미래는 우리 눈앞에 현실로 다가온다. 비즈니스를 하는 사람들에게 포사이트는 아주 중요하다. 새롭게 다가올 기회와 위기를 미리 보아야 남들보다 먼저 문제를 풀 기회를 얻을 수 있기 때문이다. 멀리 바라보지 못하는 근시안을 지닌 사람들은 아무리 탁월한 순발력이 있다 해도 한계에 봉착한다. 결국 멀리 볼 수 있는 안목은 비즈니스에서 큰 무기가 된다. 포사이트를 위해서는 새로운 기술 및 과학이 어떻게 연구 개발되고 있는지, 어떤 새로운 비즈니스 시도가 이뤄지고 있는지, 정치 세력이 어떤 정책을 그려가고 있는지 등에 관해 계속 촉을 세울 필요가 있다. 미래는 초자연적 존재가 아니라 사람이 만든다. 사람이 만든 기술, 사람이 시도한 새로운 비즈니스, 사람이 만든 법과 제도, 정책이 모여 미래의 방향을 그린다.

과거를 벤치마킹만 하다가는 미래를 놓칠 수 있다

비즈니스에서 대표적으로 변화가 필요한 대목이 바로 문제를 풀어가는 방식이다. 문제 해결 방식 중 벤치마킹은 특히 한국의 모든 기업들이 선호했던 방식이며, 여전히 열렬히 맹신하는 기업들이 많다. 후발주자들에게 벤치마킹은 마치 지름길같이 여겨진다. 선두주자가 걸었던 길을 들여다보면서 시행착오의 비용과 시간을 줄일 수 있기 때문이다. 그러나 벤치마킹은 남들 뒤꽁무니만 따라가면서 시장을 만들어가던 과거 시절에나 유효

한 문제 해결법이다. 오늘날 비즈니스 환경에서는 뒤따르는 기업에게 주어지는 기회가 너무나 적다.

비즈니스의 벤치마킹은 일본에서 시작되었다. 1950년대 도요타는 산업 시찰Industry Tour이라는 이름으로 핵심 인력을 미국에 보내 제조업 생산 과정을 배워오게 했다. 그들은 미국의 선진 기업에서 배워온 생산 방식을 자사에 적용해 단기간에 진화를 이뤘다. 그런데 벤치마킹을 경영 전략의 중심으로 체계화한 것은 미국 기업이다. 1970년대 일본의 캐논Canon, 리코, 미놀타Minolta 등이 복사기 시장에 뛰어들자 압도적 시장 주도자였던 미국 기업 제록스Xerox의 시장점유율이 급락한다. 1982년 시장점유율이 13%까지 떨어지는 위기의 상황에서 제록스가 선택한 것이 일본 기업을 벤치마킹하는 것이었다. 경쟁 상대의 상품을 분해해 비밀을 파헤치는 리버스 엔지니어링Reverse Engineering을 비롯, 일본의 후지제록스에 조사 팀을 파견해 일본 경쟁 기업들의 개발과 생산 과정, 물류 등 일하는 방식 전반을 조사한다. 경쟁사를 비롯한 우수 기업들을 조사해 개선 방향을 결정하는 것은 일본 기업들이 먼저 시작한 방식이지만, 이것을 벤치마킹이라는 이름으로 체계화한 것은 제록스였던 셈이다. 경영 전반을 바꾼 제록스는 1989년 시장점유율을 46%까지 끌어올리며 벤치마킹을 통해 위기를 극복했음을 증명했다. 이때부터 벤치마킹은 중요한 기업 경영 방법으로 인식되었고, 전 세계 기업들에게 효과적인 방법으로 선택되었다. 특히나 일본식 경영에 영향을 많이 받은 한국 기업들은 벤치마킹을 마치 모든 문제를 푸는 마스터 키처럼 여겼다.

벤치마킹은 일본인과 한국인처럼 입시에 능한 모범생들이 잘한다. 최단 시간 내에 최고의 효율을 올리기 위해서는 내가 직접 시행착오를 거치면서 문제를 푸는 것보다는 남이 해놓은 문제풀이를 따라 하는 것이 효과적이기 때문이다. 과외를 받는 것도, 단기간에 점수를 올리기 위해서 기출 경향을 파악하는 것을 중요시 하는 것도 그런 이유에서다. 이러한 태도가 직장인이 되어서도 이어진다. 4차 산업혁명이 이슈가 되면 '한국식 4차 산업혁명' 정책들이 쏟아지고, 해외 기업들과 정부의 사례를 벤치마킹해서 한국에서도 단기간에 4차 산업혁명의 성과를 내겠다고 덤빈다. 이슈가 생길 때마다 한국형 닌텐도, 한국형 포켓몬스터, 한국형 알파고를 만들겠다고 선언하고, 급조한 정책을 만들고 연구과제를 제안한다. 이렇듯 늘 뒤따라가는 식이다. 과거 산업화 시대에는 분명 효과적이었을 방법이다. 하지만 4차 산업혁명과 디지털 트랜스포메이션 등 산업 구도가 확 바뀌어버린 상황에서, 과거의 방법을 고수하면 뒷북만 치고 시간과 예산만 허비할 게 뻔하다. 늘 요란하게 구호만 외친다고 문제가 풀리지 않는다는 것을 알면서도 그렇게 하는 이유는, 기술에 대한 이해도 없을뿐더러 비즈니스 패러다임의 변화가 어떤 방향으로 진행될지 전혀 몰라서다.

한국의 기업들에게 새로운 트렌드나 비즈니스 이슈를 이야기하면 가장 먼저 외국 기업들의 사례를 묻곤 한다. 특히 선진국의 기업들이 어떻게 풀었는지에 너무 민감하다. 외국 기업들도 아직 새로운 트렌드와 비즈니스 이슈에 대해 대응 전략을 준비하는 중이라고 답하면, 그들과 같은 선상에서 경쟁할 준비를 하기보다 추이를 더 지켜보자는 이야기를 먼저 한다. 말로만 창조와 혁신을 외치고 실제로는 뒤꽁무니에 서는 것을 안전하다고 여기는 이들이 여전히 많다. 벤치마킹은 참고서를 봐가며 시험 공부를 하는 것과도 같다. 하지만 비즈니스에서 누군가 먼저 푼 문제를 푸는 것은 그만큼 기회가 줄어든다는 것을 의미한다. 따라서 벤치마킹할 거리가 생길 때까지 다른 기업들이 앞장서서 문제를 풀어가길 기다리는 것은 위험하다. 더구나 벤치마킹을 베끼기나 표절의 다른 말 정도로 받아들일 경우에는 더 큰 문제가 된다.

새로운 도전의 결과가 실패라 하더라도 시행착오의 경험은 전적으로 자기 내공으로 축적된다. 하지만 실패를 두려워해서 남이 한 것만 따라 하다 보면 내공은 쌓이지 않고 시장을 공략하는 잔재주만 얻게 된다. 제일 앞에 서 있는 사람은 과연 누구를 벤치마킹할까? 그들은 그런 것을 할 필요가 없다. 그들이 가는 길이 새로운 길이 되기 때문이다. 안타깝지만 한국의 기업들이 벤치마킹 대상으로 삼는 기업들은 주로 미국이나 일본, 유럽 등 선진국의 기업들이다. 요즘은 중국 기업도 벤치마킹 대상에 많이 포함된다. 이렇게 해서는 세계 시장에서 한국은 늘 뒤처져 있을 수밖에 없다. 비즈니스는 공부가 아니다. 한국 기업들은 공부만 잘한다. 벤치마킹으로 별의별 것을 다 파악하지만, 막상 비즈니스에서의 액션은 소극적일 때가 많다.

구글이 미래학자를 경영진으로 뽑은 데는 이유가 있다

2012년 12월 구글은 기술이사Engineering Director를 새로이 영입했다. 누구도 예상치 못했던 파격적인 인사였는데, 바로《특이점이 온다》와《마음의 탄생》등 세계적으로도 주목받은 미래 예측서를 쓴 미래학자이자 발명가, 사업가인 레이 커즈와일Ray Kurzweil이었다. 미래에 대한 그의 예측은 호불호가 갈릴 정도로 논쟁적이지만 기본적으로 기술 발전에 대한 낙관적 기대를 바탕으로 한다. 이를테면 기계에 인간의 의식을 업로드하거나 복제할 수 있다거나, 나노 기술로 질병과 노화를 없애 인간을 초월적 존재로 만들 수 있다는 것이 그가 보는 미래다.《포브스》는 그를 "최고의 생각하는 기계"로 칭했고,《타임》은 토머스 에디슨과 비교될 만하다고 했다. 빌 게이츠는 그를 일컬어 인공지능의 미래에 대해 가장 정확한 예측을 한 사람이라고도 했다.

1960년대 후반에 MIT에서 컴퓨터공학을 전공한 커즈와일은 특이점Singularity 분야에서 최고의 전문가로 꼽힌다. 특이점은 인공지능이 비약적으로 발전해서 인간의 지능을 뛰어넘는 시점이다. 커즈와일이 예견한 특이점 시기는 2045년이다. 인공지능이 모든 인간의 지능을 합친 것보다 강력해지는 시점이라고 한다. 구글에서 그를 영입한 이유는 인공지능 및 딥러닝과 관련한 프로젝트 때문인데, 알파고 개발에도 그가 관여했다. 구글이 하는 사업 중 인공지능과 무관한 것은 없다 해도 과언이 아닌데, 미래학자가 본 미래를 구글이 비즈니스로 구현하려 하고 있다. 기업이 미래학자를 필요로 하는 가장 큰 이유는 개발의 방향이 어긋나지 않게 하기 위해서이고, 경쟁사보다 속도에서 한발 더 앞서기 위해서다. 애플, 구글, 아마존, MS, 삼성전자 등 세계 최고의 IT 기업들 모두 인공지능 음성 비서에 집중 투자를 한다. 이들은 말을 주고받으며 소통할 수 있는 인공지능 음성 비서 플랫폼의 주도권을 두고 치열하게 전쟁 중이다. 레이 커즈와일은 미래학자인 동시에 인공지능 분야에 탁월한 연구자이기도 하다.

레이 커즈와일은 우리 일상에도 많은 영향을 미쳤다. 그는 2015 그래미 어워드에서 '테크니컬 그래미 상'을 수상했는데, 음악인들의 필수 장비가 된 신시사이저를 대중화한 것도 바로 커즈와일이다. 이 밖에 평판 스캐너, 문자를 음성으로 변환해주는 문자음성변환기 Text-to-Speech, TTS, 광학 문자인식기 Optical Character Recognition, OCR, 음성인식시스템 Speech Recognition System, SRS 등이 모두 그의 발명품이다. 지금은 우리의 일상에서 평범하게 쓰이고 있

는 것이지만, 이것들도 한때는 세상에 존재하지 않던 미래였다. 커즈와일이 그 미래를 현실로 바꿔놓은 것이다.

비즈니스에서 미래를 먼저 볼 수 있는 것은 강력한 무기다. 미래학자와 예언가는 다르다. 예측한 미래가 현실이 되어야만 그 진위가 검증되기 때문에, 그 전까지는 미래에 대한 어떤 주장도 가능성 면에선 열려 있다. 하지만 예언가는 근거 없는 막연한 주장을 한다면, 미래학자는 근거를 가지고 변화의 방향과 속도를 이야기한다는 점이 다르다. 미래는 단수가 아니라 복수로 그려진다. 현재가 어떻게 전개되느냐에 따라 미래는 언제든 바뀔 수 있기에 미래 예측 연구도 여러 가능성을 모두 바라본다. 그래서 시나리오도 복수로 제시한다. 미래학자 앨빈 토플러도 저서 《누구를 위한 미래인가》에서 "우리를 기다리고 있는 단 하나의 미래라는 것은 없다.

나는 미래 연구에 모든 정량적 도구들을 최대한 활용해야 한다고 생각한다"라고 말했다. 중요한 것은 기업들은 미래학자든 트렌드 전문가든 흐름의 방향과 속도를 읽는 사람들을 필요로 한다는 점이다. 특히 최근 들어 그 필요성이 더더욱 커졌다. 그만큼 산업적 판도 변화가 빠르기도 하고, 선도하지 못하고 뒤따라가는 것으로는 기회가 없는 비즈니스 환경 탓이다. 모두가 미래학자는 될 수 없지만 미래에 대한 관심을 계속 가져서 포사이트는 키울 수 있다. 변화된 미래를 남보다 뒤늦게 맞을 수는 없지 않은가.

IBM의 특별한 조직, '까마귀 둥지'

IBM에는 특별한 조직이 있다. 일종의 정찰부대인데, 외부에 나가 고객과 시장의 트렌드를 살피고, 신사업이나 기업 생존을 위한 다양한 정보를 탐색, 관찰하고 분석해 최고경영진에게 보고하는 조직이다. 고객 없이 존재할 수 있는 기업은 없다. 비즈니스에서는 그 어떤 놀라운 아이디어도 고객이 반응하지 않으면 실패할 수밖에 없다. 그래서 기업은 지속적으로 고객과 시장 변화를 살펴야 한다. 이것을 비즈니스 인사이트라고 한다. IBM은 비즈니스 인사이트를 찾아 최고경영진에게 보고하는 조직을 통해, 발빠르게 변화에 대응하고 신사업에서 뒤처지지 않으려 한 것이다.

이 조직의 이름은 '까마귀 둥지 Crow's Nest'다. 원래는 배의 돛대 꼭대기의 망루를 일컫는 말로, 배에서 가장 높은 곳이다. 선원이 까마귀 둥지에 올라가서 멀리 내다본 정보를 선장에게 전달하고, 선장은 그것을 토대로 항로 결정 등 중요한 의사 결정을 했다. 레이더가 나오기 전까지 먼 바다를 항해하는 배에서는 중요한 공간이었다. 기업에서도 이런 망루 및 레이더의 역할을 해줄, 즉 미래를 내다보며 신사업을 준비할 조직이 필요하다.

그러나 미래를 보되 너무 먼 미래는 보지 말아야 한다. 비즈니스 창의력은 쉽게 말해 돈이 되는 창의력, 즉 현재에 비즈니스로 구현되는 데 중요한 가치가 있다. 2050년의 미래를 그려볼 수는 있겠지만, 그때나 가능할 비즈니스를 지금부터 벌이는 것은 소용없다. 시장도 준비가 안 되어 있고 소비자도 받아들일 상황이 아닌데, 너무 먼 미래를 현실로 가져와봤자 실패 확률만 높다. 물론 선점을 위해 앞서서 준비하는 건 좋다. 하지만 선점 효과를 위해 몇 년이면 몰라도 몇십 년을 앞서갈 순 없다. 현실적 타당성을 살피는 것이 중요하다.

집에서 케이블TV로 VOD 영화를 보는 것은 오늘날 익숙한 일상 중 하나다. 콘텐츠 이용료를 PPV Pay Per View 방식으로 내는 것도 이미 자연스러운 광경이다. 이 모든 것이 디지털 시대의 라이프스타일이라 최근 들어 시작된 일 같겠지만, 1977년부터 이런 서비스가 이미 있었다. 워너 케이블 Warner Cable 은 미국 오하이오 주의 콜럼버스 지역에서 PPV 방식으로 콘텐츠를 볼 수 있는 큐브 Qube 라는 케이블 서비스를 시작했고, 경매나 설문조사에 응답하거나 비디오게임을 플레이할 수 있는 인터렉티브 기능까지 갖춘 단말기도 제공했다. 1977년이면 VCR도 흔치 않았고, 소니와 JVC가 베타맥스냐 VHS냐를 두고 싸우던 시절이었다. 비디오 대여점도 없었다. 그런 시절에 디지털 시대에나 가능할 법한 PPV와 인터렉티브 미디어를 시작한 것이다. 심지어 큐브 단말기를 통해 가입자의 주요 관심사나 정치적 성향 같은 개인 정보를 확보하고 이 데이터베이스를 상업적으로 팔기까지 했다. 3만 가구 이상의 가입자를 확보했으나 초기 투자비와 운영비를 감당 못 하고 막대한 적자를 냈고, 결국 1984년에 사업을 접었다. 비즈니스의 방향은 정확하게 판단했지만, 기술의 한계와 시장 상황 때문에 실패한 것이다. 그렇다고 큐브를 실패한 사업으로만 낙인찍을 수는 없다. 큐브 덕분에 더 많은 사람들이 미래를 예견했고, 그들의 경험과 안목이 디지털 콘텐츠 유통 시대를 앞당기는 에너지로 작용했기 때문이다.

포사이트로 미래를 볼 때 가까운 미래, 먼 미래를 구분짓는 것이 필요하다. 이를 위해서는 기술적 진화 속도와 방향도 잘 알아야겠지만, 시장과 소비자의 변화 방향에도 민감해야 한다. 미래를 보는 것이 다가 아니다. 그중 비즈니스로 다가갈 미래가 어떤 미래인지를 선택하는 안목도 중요한 것이다.

괴팍하고 혹독한 리더와
일하고 싶어 하는 사람들

스티브 잡스에 대한 평가 중에 오만하고 무례하며 괴팍했다는 이야기가 많다. 공개적으로 직원을 비난하거나 즉흥적으로 해고시키는 경우도 있었다. 상대에 대한 배려는 분명히 부족했다. 이런 리더와 일하는 것을 끔찍히 싫어하는 이들도 있었겠지만, 놀랍게도 괴팍하고 안하무인인 듯한 잡스와 일하기 원하는 사람들이 많았다. 그가 경영자로 있으면 근무 환경은 가혹하고 치열한 대신 훨씬 더 좋은 커리어를 쌓을 수 있다는 장점이 있었던 것이다. 스티브 잡스에게는 직원의 능력을 최대한으로 이끌어내는 능력이 있었다. 더 성장하길 원하는 사람들에게는 최고의 환경인 셈이다. 그의 완벽주의와 세상을 바꾸겠다는 목표는 최고의 결과를 만들어내는 에너지가 되었다. 애플에 영입된 쟁쟁한 인재들은 사실 애플보다 스티브 잡스 때문에 스카웃을 받아들이는 경우가 많았다. 이것이 그의 카리스마를 만들어내고, 지금도 여전히 그를 전설로 기억하게 하는 점이다.

일론 머스크도 스티브 잡스만큼이나 독보적인 IT 리더이자 혹독한 CEO로 꼽힌다. 직원들에게 요구하는 수준이 완벽주의자 스티브 잡스와 비슷하고, 일이 잘 안되었을 때 질책도 가혹하다고 한다. 심지어 1년 정도 걸릴 일을 일주일 안에 끝내길 원할 정도로 시간을 지체하는 것도 싫어한다. 이런 CEO와 일하는 직원들은 압박과 스트레스가 엄청날 것이라 조심스레 짐작해볼 수 있지만, 놀랍게도 일론 머스크와 일하길 원하는 사람들은 많다. 머스크의 경우 직원들을 질책하고 비판하더라도 업무와 관련된 문제에 한해서이고, 절대로 개인의 특성이나 사생활에 대해서는 공격하지 않는다고 한다. 업무에 관해 혹독하게 비판하고 더 나은 답을 요구하는 것은, 능력치를 최대한으로 이끌어내는 데 효과적이다. 스티브 잡스나 일론 머스크 둘 다 세상을 바꾸겠다는 강력한 목표 아래, 직원들의 능력을 최대한 끌어내 최고의 결과물을 만들어내려 한 리더라는 공통점이 있다.

질의응답 사이트 쿼라Quora에 "일론 머스크와 함께 일하는 건 어떤가?"라는 질문이 올라왔다. 스페이스엑스Space X의 인사팀장이었던 돌리 싱Dolly Singh을 비롯한 전현직 직원들의 답변들이 올라왔다. 싱은 2008년 8월 2일 팰컨 1호의 3차 발사가 있던 날을 언급했다. 이 발사마저 실패하면 회사 존립이 위태로워질 정도로 발사 성공이 중요한 때였지만, 첫 단계만 성공한 후 최종적으로 발사에 실패했다. 이때 일론 머스크가 직원들 앞에 나섰다. 그는 6개국 이상이 로켓 발사 첫 단계에서 실패했지만 우리는 그 어려운 단계를 성공했으며, 실패를 딛고 일어서야 하며 자신도 절대 포기하지 않겠다고 말했다. 위기 앞에서도 흔들리지 않는 리더십이었다. 결국 그로부터 2개월 후 발사에 성공했고, 팰컨 1호는 민간 기업에서 쏘아올린 첫 번째 우주 비행선이 되었다.

2016년 12월 17일 일론 머스크는 트위터에 "교통 체증이 나를 미치게 한다. 터널을 뚫는 기계를 만들어 땅을 파기 시작하겠다"라는 글을 올렸다. 다른 사람이 그랬다면 교통 체증에 짜증난 사람의 투정으로만 여겨졌겠지만, 그는 일론 머스크가 아니던가. 한 시간 후 그는 회사 이름을 '보링 컴퍼니 The Boring Company'로 정했다고 트윗을 올렸다. 2017년 2월에는 로스엔젤레스LA의 스페이스엑스 본사 주차장에 터널을 뚫기 시작했다며 인증샷을 올리더니, 3월에는 철도가 지하 터널을 최대 시속 200km로 달리는 영상을 공개하기도 했다. 4월에는 TED 강연에서 LA 교통 체증을 해소할 방법으로 도로 아래에 지하 터널을 뚫어 시속 200km로 이동 가능하게 하겠다는 구체적인 청사진을 제시했다. 향후 LA에서 뉴욕까지 지하 터널을 뚫겠다는 계획도 밝혔다. 스페이스엑스 본사가 있는 웨스트우드에서 LA 공항까지는 약 9km 거리로, 평소에는 20분이지만 상습 정체 구간이라 막힐 때는 1시간 30분쯤 걸린다. 그런데 이 거리를 지하 터널로 5분 만에 가도록 하겠다는 것이다. 7월에는 시험 가동에 들어갔다. 그가 교통 체증에 대한 불만으로 아이디어를 꺼낸 지 불과 반년 만이었다. 일론 머스크는 이미 2015년에 시속 1200km로 달리며 LA와 샌프란시스코를 35분만에 주파하는 초고속 열차 하이퍼루프 Hyperloop의 사업계획을 발표하고 추진 중이었다. 우주선에서 전기자동차, 그리고 지하 터널과 하이퍼루프까지 그는 정말 거침없이 달려가고 있다.

　왜 괴팍하고 혹독한 리더와 일을 하고 싶어 하느냐고? 사실 괴팍하고 혹독하기만 해서는 안 된다. 스티브 잡스와 일론 머스크에게는 별난 성격을 능가할 만한 비전이 있었다. 미래를 이끌 확실한 눈이 있었다. 그와 함께라면 세상을 바꾸는 데 앞장서 갈 수 있을 것 같다. 적어도 CEO라면,

리더라면 비전을 볼 수 있어야 한다. 비전 Vision은 내다보이는 장래의 상황이다. 더 나은 미래를 보여주는데 누가 기꺼이 따르지 않겠는가? 결국 여기서도 보는 것이다. 무엇을 보여줄 것인가? 그것이 곧 당신의 가치이자 리더십이다.

●

그가 화성 식민지를 만들겠다면
정말 그렇게 될 것 같다!

2016년 9월 27일, 테슬라 CEO이자 스페이스엑스의 CEO 일론 머스크는 멕시코 과달라하라에서 열린 국제우주대회 International Astronautical Congress, IAC에서 행성 간 수송 체계 Interplanetary Transport System, ITS 계획을 발표했다. ITS는 사람 100명 또는 화물 100톤 이상을 수송할 수 있는 우주선으로 지구에서 화성까지 80일이면 도착할 것이라는데, 최종적으로는 30일까지 단축하는 것이 목표다. 2018~2020년 사이 무인 화성 탐사선을 보내고, 빠르면 2022년쯤 우주선을 시험 운항한 뒤, 2024~2025년부터 100명을 태우고 화성에 간다는 계획이다. 이 계획대로라면 인류는 빠르면 2024년에 화성 여행을 갈 수 있다. 2022년의 첫 우주선 비행은 사망 사고 위험이 높은 만큼, 죽을 수도 있다는 점을 충분히 염두에 둔 사람을 선발하겠다고 하기도 했다. 머스크의 최종 목적은 화성 여행이 아니라 화성 식민지 건설에 있다. 그는 2030년까지 8만 명, 향후 40~100년 안에 100만 명이 거주할 화성 식민지를 건설하겠다는 목표도 밝힌 바 있다.

일론 머스크는 1995년 집투ZIP2라는 인터넷 기반 지역정보 서비스 회사를 창업하고 1999년 컴팩Compaq Computer에 이를 매각해 2200만 달러를 벌었다. 1999년에는 집투를 매각한 돈으로 온라인 금융 서비스를 제공하는 엑스닷컴X.COM을 창업하는데, 2000년 경쟁사였던 콘피니티Confinity를 인수 합병하며 결제 서비스인 페이팔까지 확보한다. 2002년에는 이베이eBay에 페이팔을 매각하며 자신의 지분으로 1억 7천만 달러를 번다. 머스크는 이렇게 번 돈으로 마침내 그가 진짜 하고 싶었던 사업들을 시작한다.

2002년 우주 개발업체인 스페이스엑스를, 2003년 전기자동차업체 테슬라모터스를 연이어 창업하고 2006년 그의 사촌들과 태양광업체 솔라시티를 공동 창업한다. 당장 돈이 되는 사업보다는 미래를 위해 벌인 사업에 가까워, 일론 머스크의 회사들은 재정적 위기도 많이 겪었다. 2002년 설립된 스페이스엑스가 로켓 발사에 처음으로 성공했을 때가 네 번째 시도 만인 2008년이었다. 민간 기업이 당장 수익이 나지 않는 우주 개발 사업을 한다는 것은 쉽지 않은 일이다. 자칫 밑빠진 독에 물 붓기가 될 수도 있다. 실패의 연속이었지만 결국 로켓 발사를 성공시켰고, 이를 바탕으로 나사NASA와 우주화물 운송 계약을 체결했다. 창업 6년 만에 우주 개발로 돈을 벌기 시작한 셈이다. 2003년에 시작한 테슬라모터스는 2008년 첫 자동차를 만들었지만 창업 후 7년간 수익을 전혀 내지 못했다. 2012년 모델S가 성공적으로 출시된 이후부터 테슬라모터스는 자리를 잡아가기 시

ENCELADUS

작했다. 만약 2008년 스페이스엑스가 나사로부터 계약을 따내지 못했거
나 테슬라모터스의 모델S가 성공하지 못했다면, 미래를 위한 어떤 위대한
사업을 벌인다 한들 일론 머스크의 회사들은 무너지고 말았을 것이다. 솔라
시티의 태양광 사업도 미래에는 중요한 사업이 되겠지만 현재로서는 계속
적자에 허덕이고 있다. 스페이스엑스, 테슬라모터스가 성공적으로 자리 잡

▶ 2016년 멕시코 과달라하라에서 열린 국제우주대회에서 일론 머스크가 기조연설을 하고 있다. 화성에 인류가 거주할 수 있는 도시를 현 세대 내에 건설하고, 2022년부터 인류를 화성으로 보낸다는 계획을 발표했다.

았으니, 이제 솔라시티 차례인 것일까. 테슬라모터스는 2016년 적자 상태인 솔라시티를 인수 합병했다. 인수 결정이 내려지자마자 테슬라모터스의 주가가 급락했을 정도로 손해 보는 결정이었다. 하지만 어떤 관점에서 보면 손해가 아닐 수도 있다. 사실 솔라시티는 미국 태양광업체 중 규모와 기술력 면에서 1위라고 할 수 있는데, 이 회사가 적자인 이유는 수익성이 없어서가 아니라 연구개발 투자가 많아서다. 집과 자동차에 모두 쓸 수 있는 태양광 전지 개발은 솔라시티의 숙제이자, 테슬라의 비즈니스에도 직접적으로 영향을 준다. 2017년 2월에는 사명을 테슬라로 변경해 자동차 회사에서 청정에너지 회사로 영역을 넓힌다는 것을 공식화했다.

일론 머스크의 세 회사 모두 인류의 미래에 중요한 사업을 하고 있다. 지구 안에만 머물지 않고 지구 밖으로의 확장을 시도하는 우주 개발 사업, 내연기관 자동차를 대체하는 전기자동차, 화석연료를 대체하는 태양광 에너지 등 모두 산업적 판도를 바꾸는 사업 시도들이다. 이는 사업을 잘해서 업계 1위를 하겠다는 목표도 아니고, 돈 많이 벌어서 부자가 되겠다거나 수많은 고용을 창출하겠다는 것도 아니다. 산업 자체를 만들어내 시장의 흐름과 방향을 바꾸고, 인류의 삶의 방식을 바꾸는 것이 궁극적인 목표다. 머스크는 이렇듯 거대한 빅 픽처를 그리면서 리스크는 스스로 감수한다. 이런 도전자가 없다면 인류의 진화는 그만큼 한발 더 더뎌질 수밖에 없다. 역사적으로도 산업적, 기술적 진화를 이끈 사건들은 기존의 관성에서 벗어난 과감함에서 비롯되었다.

화성에 도시가 건설되고, 지구의 이주민들이 새로운 미래를 만들어갈 날이 언젠가는 올 것이다. 그 중심에 일론 머스크가 있다 해도 과언이 아니다. 스페이스엑스와 테슬라, 솔라시티는 화성 식민지 건설과 연결 지점이 많다. 우주선을 만들고 화성 거주지를 개발하는 것이 스페이스엑스의 몫이라면, 솔라시티의 태양광이 화성에서의 에너지원이 되고, 테슬라의 전기차가 화성에서의 운송과 교통수단이 되는 셈이다. 구글의 모회사 알파벳의 '사이드워크랩'에서도 스마트 시티 연구개발 프로젝트가 진행 중이다. 미래의 도시는 자율주행 자동차가 달리고 도시의 모든 기반 시설들이 사물인터넷으로 연결되어 교통, 에너지, 의료, 환경, 교육 등 시민들이 살아가는 데 필요한 서비스가 IT이자 스마트 기술과 결합한다. 도시 자체가 하나의 거대한 스마트 기기가 되는 셈이고, 건설 회사가 아닌 IT 회사가 도시를 건축하는 역할을 한다고 해도 과언이 아니다. 이렇듯 스마트 시티에서도 자동차와 에너지는 아주 중요한 요소이며, 이는 화성 식민지에서도 마찬가지다. 결국 일론 머스크가 벌인 세 가지 사업 모두 화성 식민지 건설에 큰 역할을 하게 된다. 그가 본 미래가 우리가 맞이할 미래가 될 가능성이 있는 것이다.

일론 머스크가 사기꾼일지라도

테슬라의 CEO 일론 머스크만큼 극단적인 평가를 받는 이도 드물 것이다.

한편에서는 혁신의 아이콘이자 미래를 주도하는 천재로 칭송하는가 하면, 다른 한편에서는 그럴싸한 미래를 팔아서 세상을 현혹하는 사기꾼이라고 폄훼한다. 가장 큰 이유는 성과 문제다. 목표로 했던 생산 계획이 어긋나는 것과 누적 적자가 계속 쌓이는 것, 그럼에도 불구하고 늘 당당한 일론 머스크를 두고 사기꾼이란 혹평까지 하는 것이다. 사실 테슬라는 자동차라는 대규모 제조업에 도전하는 스타트업이다. 안정적 대량생산이라는 것이 얼마나 어려운 미션인지 실감하는 기업이 테슬라다. 머릿속의 꿈이나 책상 위에서 세운 계획들이 막상 현장에서 어긋나는 경우가 빈번한 미션이 바로 대량생산이다. 물론 투자자에게는 이런 변수도 예측하고 통제하지 못한 일론 머스크가 무책임하고 무능한 경영자로 보일 수 있다. 투자자의 입장에선 충분히 타당한 시각이다. 하지만 산업 전반의 입장에서 보면 어떨까. 테슬라 덕분에 전기차 시장이 아주 뜨겁게 달아올랐다 해도 과언이 아니다. 일론 머스크의 겁없는 도전과 자신감에 차 때론 오만해 보이기까지 하는 행보가 자동차 회사와 IT 기업, 그리고 미래 자동차 시장을 바라보는 전 세계 수많은 이들의 전기차 시장에 대한 도전 욕구를 급격히 끌어올리는 데 기여했음은 부정하기 어렵다. 미래를 앞당기는 것은 공격적인 도전의 산물이다. 안정적이고 현실에서 가능한 것들에만 도전해서는 현재의 진화 속도에 따라 조금씩 전진할 뿐, 결코 미래를 앞당기지 못한다. 하지만 그 속도로는 성에 차지 않는 이들이 위험을 무릅쓰고 도발적인 도전에 나서는 것이다. 도전하는 사람을 욕할 자격은 누구에게도 없다.

그의 사업에는 막대한 투자금이 유치되었고, 지금도 유치되고 있는 중이다. 일론 머스크가 '하이퍼루프'라는 음속을 넘는 속도의 미래식 교통 수단을 개발하거나 도심에 지하 터널을 뚫어 교통 체증을 해소하려 하고 화성에 주거 도시를 만들겠다거나 하는 사업들에는 현실적인 제약이 꽤 많이 따른다. 세상에서 아무도 해보지 않은 사업들이기도 하다. 그가 벌인 전기차 사업도 대량생산 계획이 계속 차질을 빚으면서 그를 바라보는 우려 섞인 시선도 사그러들지 않는다. 사실 일론 머스크가 벌인 사업들의 공통점은 다 돈을 쏟아부어야 하는 사업이라는 점이다. 당장의 쉬운 돈벌이와는 거리가 멀다. 그는 세상에 없던 것에 도전하고 있다. 실제로 그에게 쏟아지는 서로 다른 두 가지 평가 모두 타당하다. 미래는 늘 불가능한 도전에 과감히 뛰어든 일론 머스크 같은 사람들 덕분에 과감한 진화를 이루며 현실화되었다. 쉬운 일, 당장 돈 되는 일만 시도하는 것을 두고 누구도 혁신 혹은 미래를 앞당기는 일이라고는 하지 않는다.

JTBC 뉴스룸에 가수 이효리가 출연한 적 있다. 손석희 앵커가 "유명하지만 조용히 살고 싶고 조용히 살지만 잊혀지기는 싫다. 어떤 뜻인지는 알겠는데 이거 가능하지 않은 이야기가 아닌가요, 혹시?"라고 질문하자 이효리가 답했다. "가능한 것만 꿈꿀 수 있는 건 아니잖아요." 세상은 늘 불가능에 도전하고, 현실에 없던 것을 꿈꾸는 사람들에 의해 한발 더 나아갔다. 이효리의 태도는 일론 머스크가 미래를 바라보고 비즈니스를 풀어가는 태도와 닮아 있다. 이는 모든 혁신적인 도전자들이 지니고 있는 태도다. 우리에겐 불가능한 것을 꿈꾸고 도전할 자유와 권리가 있다. 현실에서는 아직 이뤄지지 않았어도, 도전자들의 머릿속에는 이미 미래가 그려져 있다. 그들은 그 미래의 그림을 보며 불가능에 맞서 싸워간다. 포사이트는 우리에게 싸울 힘을 준다. 불가능의 벽에 주저앉지 않도록 용기를 주고 그 벽이 무너질 날이 반드시 올 것이라는 확신도 준다. 그런 점에서 포사이트는 우리가 갖춰야 할 태도이자 마음속 방향이다.

에스토니아에서는 왜
시민권 카드를 온라인으로 발급하나

에스토니아에서 2003년 창업한 IT 스타트업 기업이 2년 만에 26억 달러에 팔린 적이 있었다. 당시 에스토니아 GDP의 1% 정도 되는 큰 금액이었다. 이 계기로 인구 130만 명에 불과한 에스토니아는 국가의 미래를 IT 스타트업에서 발견하고, 이때부터 정부 차원에서 IT에 적극 지원하기 시작했다. 덕분에 창업이 급증했고, 2000년 4150달러였던 1인당 국민소득은 2014년 1만 9030달러로 14년 만에 4.6배나 급상승했다. 에스토니아를 변신시킨 계기가 된 기업이 바로 스카이프Skype다. 에스토니아는 자국민들의 스타트업 육성에 그치지 않고 전 세계 누구나 에스토니아에서 스타트업을 하도록 유도하고 있다. 그 일환으로 시작한 프로그램이 이레지던시e-Residency로, 2015년 5월부터는 온라인에서 등록하고 각 나라의 에스토니아 대사관을 방문해 카드를 발급받으면 국적에 상관없이 누구나 에스토니아의 디지털 서비스를 이용할 수 있다. 이 카드를 이용하면 해외에서도 2주 안에 에스토니아에 회사를 설립할 수 있는데, 모든 행정업무를 온라인으로 처리하고 있어서 절차도 빠르고 간편하다. 또한 유럽의 다른 어떤 나라에 비해서도 창업 비용이 적고, EU 가입 국가여서 유럽 시장 진출의 교두보로 삼기에도 유리하다. 지금 시대의 스타트업은 애초에 글로벌 시장이 목표인 경우가 많으므로 유럽 시장 진입을 노리는 스타트업들에게 매력적인 카드가 아닐 수 없다. 자본과 인재가 모여드는 효과를 기대하며 에스토니아가 사실상 경제적 국경을 개방한 것이다. 에스토니아 정부는 이레지던시를 가진 사람을 전 세계 1천만 명까지 확보하겠다는 목표를 세웠는데, 이 목표가 달성되면 물리적 영토 내에 거주하는 자국민 숫자보다 여덟 배 정도 많은 수의 사람들이 가상 국민이 된다. 이들 중 상당수가 에스토니아에서 창업하여 에스토니아 경제에 기여하게 되는 것이다. 국가 경쟁력의 방향을 IT 스타트업에서 찾은 것도, 국가의 개념이 희석되고 전 세계가 하나의 경제권역이 되는 시대에 전 세계 어느 나라 사람에게든 자국의 시민권 카드를 발급해준다는 정책을 생각해낸 것도 정말 탁월하지 않을 수 없다. 에스토니아 정책 결정자들의 미래를 보는 안목에 박수를 쳐주고 싶다.

전 세계가 시공간을 초월해 연결되고 국가적 경계도 희미해지고 있는 시대에, 자국민의 노동력만 바라보는 것은 지극히 구시대적이다. 우리나라도 지금처럼 출산율 타령만 하고 있다가는 미래의 변화를 따라가기 힘들다.

1980년대까지만 해도 국내 인구가 너무 많아진다면서 '하나만 낳아 잘 살자'라는 구호 아래 출산율 줄이기를 정책적으로 밀었던 것을 생각하면, 근시안적인 정책이 어떤 결과를 초래하는지 짐작할 수 있다. 전 세계 해외동포가 700만 명이다. 국내에 체류하는 외국인만 200만 명이 넘는다. 에스토니아가 본 미래를 이 나라의 정책 담당자들도 볼 수 있다면 어떨까? 순혈주의와 민족주의가 끝나가는 시대, 미래를 보는 안목에 따라 국가 정책이나 경제의 방향도 달라질 수 있을 것이다.

그래픽카드 제조업체,
자율주행 자동차의 강자가 되다

미래의 자동차 시장을 두고 많은 기업들이 경쟁한다. 그중 강자로 급부상한 곳이 엔비디아[Nvidia]다. 그런데 엔비디아는 컴퓨터에 들어가는 그래픽카드 제조사로, 컴퓨터게임을 좋아하는 이들이라면 누구나 알 만큼 이름난 기업이다. 그래픽카드 제조사로 시작해 고성능 그래픽 처리 장치[GPU]로 유명해진, 그래픽카드의 대표명사 같은 회사가 엔비디아다. 그런데 어쩌다가 무인 자율주행 자동차업계에서 주목하는 기업이 된 것일까?

엔비디아가 개발한 자율주행 차량용 컴퓨팅 플랫폼 '드라이브 PX'는 자동차에 설치된 카메라가 찍은 이미지를 딥러닝 방법으로 분석한다. 최대 12대까지 장착된 카메라에 입력되는 데이터를 손실 없이 처리할 수 있다. 2016년 CES에서 처음 선보인 '드라이브 PX 2'는 구글의 알파고 같은 딥러닝 시스템이다. 즉 학습을 통해 진화하는 슈퍼컴퓨터로, 초당 최대 24조의 인공지능 처리 능력을 가진 데다 크기도 도시락통 정도로 작다. 드라이브 PX 2를 통해 72시간 만에 자동차가 기본 운전 기술을 익혔다고 하는데, 딥러닝의 속성상 진화의 속도 및 수준은 점점 높아질 것이다. 엔비디아는 국제 전기차 경주대회 '포뮬러 E'의 서포트 레이스인 '로보레이스 챔피언십Roborace Championship'에 출전하는 10개 팀의 자율주행차에 드라이브 PX 2를 탑재한다고 발표했다. 열두 대의 카메라와 고화질 지도, GPS, 레이더와 초음파 센서까지 장착한 채로 한 시간 동안 고속 경주해 우승자를 가리는 것인데, 이를 통해 기술력이 어디까지 발전되었는지 가늠할 수 있다.

엔비디아의 2016년 매출은 69억 1천만 달러(약 8조 원)로 전년 대비 38% 증가했다. 2016년 순이익은 16억 6600만 달러(약 1조 9억 원)로 이는 전년 대비 171%나 증가한 수치다. 주가는 2016년 초에서 2017년 초까지, 최근 1년간 세 배 정도 올랐다. 한마디로 잘나가는 회사다. 매출 비중에서는 게임 분야가 여전히 압도적이다. 전문가용 그래픽, 주문생산과 지적재산권, 데이터 센터가 그다음이다. 자동차 분야는 가장 낮다. 물론 가장 낮다는 자동차 분야 분기별 매출이 1억 달러(정확히는 2016년 4/4분기 1억 2800만 달러)가 훌쩍 넘는다. 연간으로 치면 5억 달러쯤이니 전체의 7% 남짓 된다. 이는 지금도 잘나가지만 앞으로 더 성장 가능성이 크다는 것을 뜻하기도 한다. 2017년 CES에서 엔비디아의 창업자이자 CEO 젠슨 황Jen-Hsun Huang이 기조연설자로 나서 인공지능 자동차를 강조했다. 이제 엔비디아는 확실히 미래 자동차의 주도 기업 중 하나로 각인되었다.

자율주행 자동차는 모든 자동차 기업의 숙제다. 인텔Intel과 퀄컴Qualcomm, 텍사스인스트루먼츠Texas Instruments Inc. 등 컴퓨팅 하드웨어 업체이자 전장 부품 분야에서도 중요 역할을 하는 이들 기업들도 자율주행 시스템의 숙제를 풀어 자동차 전장 부품 시장에서 주도권을 가지려 한다. 독일의 자동차 부품업체 보쉬Bosch나 미국의 델파이Delphi 같은 자동차 부품업계의 강자들이 이미 전기차나 무인 자율주행차를 개발하고 있는 것도 결국 자동차 전장 부품 시장의 주도권을 갖기 위해서다. 미래 자동차 시장에서 입지를 확보하려 하는 구글과 애플 같은 IT 기업도, 기존에 쥐고 있던 자동차 시장의 주도권을 뺏기지 않으려 하는 벤츠나 BMW, 도요타 등 자동차 기업들도 자율주행차 숙제를 어떻게든 풀려고 애쓴다. 자율주행차 시장은 기존 자동차 산업과 직간접적으로 연관되었던 기업들에게는 지켜야 할 시장이고, IT 분야 기업들에게는 뺏고 싶은 시장이다. 그런데 이토록 치열한 시장에 전

혀 예상치도 못했던 그래픽카드 제조업체가 두각을 드러내며 나타난 것
이다.

　엔비디아가 가상현실과 인공지능, 자율주행차를 차세대 사업으로 삼
아 연구한 것은 오래전부터다. 하지만 이 분야들을 연구하거나 미래 사업
으로 삼은 기업들은 셀 수 없이 많았다. 구글이 먼저 두각을 드러냈고, 여
타 자동차 회사들의 다양한 시도도 주목받기에 충분했다. 그런데 그래픽
처리 장치 전문 업체답게 카메라에 찍히는 이미지 데이터를 분석하는 역
량에다 자동차 스스로 학습하여 진화하는 딥러닝을 접목시켜 자율주행
자동차에 접근한 것은 단연 주목을 끌 만했다. 무인 자율주행차는 아직
완성되지도, 존재하지도 않는 기술이다. 즉 정해진 답이 없다. 기술을 풀
어가는 방법 및 방향이 다양할 수밖에 없고, 예상 답안들 중 점점 좋은 답

으로 좁혀지면서 진화할 것이다. 수년 전까지만 해도 엔비디아가 미래 자동차 분야에서 주도권을 가지게 될 것이라고 상상도 못 했다. 하지만 이제는 현실이 되었다. 과거만 보았던 사람에게 미래는 더욱 당혹스러울 수밖에 없다. 전혀 생각지도 못한 강자가 갑자기 나타난 것처럼 느껴지기 때문이다. 하지만 엔비디아는 갑자기 등장한 것이 아니다. 그들은 오래전부터 미래의 자동차 시장을 내다보며 차근차근 준비해왔다.

말을 잘 갈아타는 기업이 오래 살아남는다

100년 이상 살아남은 장수 기업들의 비결은 도대체 무엇일까? 그들은 4차 산업혁명 이전에 3차, 2차 산업혁명까지 거친 기업들이다. 심지어 1차 산업혁명도 거치고 온 장수 기업들도 있다. 산업혁명이라는 것은 산업적 판도가 뒤바뀔 정도의 급작스러운 변화다. 그런 상황에선 기존의 방식에 익숙한 기업들은 위기를 맞고, 새로운 도전자는 기회에 발빠르게 다가서기 쉽다. 위기를 잘 이겨낸 장수 기업들의 비밀은 의외로 간단하다. 그들은 말을 잘 갈아탔다. 기존의 익숙한 사업을 버리고 낯선 신사업으로 과감히 전환한 기업들이 오래 살아남았다. 산업의 진화 속도는 점점 빨라지고, 변화 주기도 짧아진다. 더 자주 갈아타야 한다. 과거에 무엇으로 시작했든 회사의 정통성이 무엇이든 새롭게 맞을 미래에 비하면 중요하지 않다. 과거에 연연하다 미래의 기회를 놓치면, 붙잡고 있던 과거마저도 나락으로 떨어진다. 한때 전 세계에서 가장 잘나가던 기업이었던 코닥Kodak은 필름 산업의 종말과 함께 나락으로 떨어졌다. 디지털카메라를 가장 먼저 개발한 회사였던 코닥이 아이러니하게도 디지털카메라 때문에 무너지고, 전방위적 디지털 열풍과 IT 산업화로 인해 아예 역사 속으로 사라졌다. 디지털카메라 시장을 가장 먼저 주도할 기회도, IT 기업으로 전환해 생존을 모색할 기회도 있었지만 그들은 무수한 경쟁자들에게 추월을 허용하고 말았다.

항공기 엔진과 발전설비 등 하드웨어 중심의 생산을 했던 GE는 어느새 소프트웨어 회사로 변신했다. 그들은 금융과 가전 사업은 팔고 산업인터넷과 에너지 사업에 집중하고 있다. 특히 산업인터넷은 GE의 새로운 미래다. 에디슨의 전구로부터 시작한 회사인 GE는 기업의 모태와도 같은 가전 부문을 중국의 하이얼Haier Group에 팔았는데, 이렇게 과거와의 결별을 선택한 이유는 미래에 생존하기 위해서였다.

1802년에 창업한 미국의 듀퐁DuPont은 무려 215년이 넘은 장수 기업이다. 1990년대 듀퐁은 정유와 화학섬유 기업으로 유명했다. 1992년 이 영역의 매출이 60% 이상일 정도였다. 하지만 지금 듀퐁의 주력 분야는 종자와 농업 분야다. 고기능 소재, 농업·영양 사업이 전체 매출의 70% 정도에 이를 정도다. 듀퐁은 창업 이래 수차례 말을 갈아탔다. 그렇게 그들은 살아남았다.

독일의 지멘스Siemens는 1847년에 창업했다. 170년이 넘는 이 기업은 철강 회사로 시작했다. 그 후 원자력, 반도체, 휴대전화 등으로 크게 성장했으며 1990년대에는 이들 사업이 매출에서 압도적 비중을 차지했다. 하지만 2000년대로 들어서면서 주력 분야를 바꾸어 산업 솔루션, 에너지, 헬스케어, 도시 인프라 등을 4대 핵심 사업으로 삼았다. 2011년 전체 매출에서 이들 4대 핵심 사업의 비중이 99%를 차지했다. 말을 완전히 갈아탄 셈이다. 지멘스는 회사 차원에서 미래학 연구를 한다. 역시 말을 잘 갈아타는 기업은 미래를 먼저 보려고 애쓰는 기업이다. 그들은 익숙한 과거를 과감히 내려놓고 새로운 미래에 도전할 줄 안다.

영속하는 기업은 없다. 언제라도 망할 수 있는 것이 기업이다. 경영을 못해서도 망하지만, 결정적으로 산업이나 소비자, 시장의 변화를 못 따라가 망한다. 외부의 경제 위기나 사회적 불안정성 때문에도 망한다. 분명한 것은 기업의 수명이 계속 짧아지고 있다는 사실이다. 맥킨지 앤드 컴퍼니의 자료에 따르면, 1935년 기준으로 90년이었던 기업의 평균 수명이 1975년에 30년, 2015년에 15년으로 점점 줄어들었다. 액센츄어가 미국 S&P 500대 기업 기준으로 분석한 자료에 의하면, 2010년 기준 기업의 평균 수명은 15년이었으며 2020년에는 10년으로 줄어들 것으로 예측하고 있다. 대기업이나 글로벌 기업들의 평균 수명도 겨우 10여 년인 시대가 도래한 것이다.

기업의 수명이 점점 짧아지는 이유는 무엇일까? 경영자가 일을 못해서? 경쟁자의 공격 때문에? 아니다. 산업 재편의 속도가 자꾸 빨라지고 있기 때문이다. 빠른 변화에 적응하지 못하면 사라지게 마련이다. 2007년 애플의 아이폰이 등장할 당시 휴대폰의 세계 최강자는 노키아^{Nokia}였다.

하지만 그들이 시장에서 사라지는 데는 그 후 8년밖에 걸리지 않았다. 세계 1등도 생존을 장담하지 못하는 시대다. 기업이 망하는 것은 시장 생태계에서는 정상적인 일이다. 산업적 변화에 따라 누군가는 망하고 누군가는 새로 진입하길 반복하며 산업도 진화한다. 기업의 실적을 논할 때도 매출과 영업이익 수치뿐만 아니라 신사업 분야의 매출과 이익을 따로 봐야 한다. 미래의 먹거리를 준비하지 않는 기업은 당장은 건재해도 내일을 장담할 수 없다.

그래서 지금 상황에서의 구조조정은 미래 전략을 위한 사업 재편이 우선되어야 한다. 단순히 인력 감축을 통한 비용 절감을 꾀해 단기적 수익성을 개선시키는 식의 얕은 수를 쓰는 것은 곤란하다. 기업의 생명을 잠시 연장하는 임시방편에 불과할 뿐이다. 미래를 보는 눈이 없는 기업에게는 기회보다 위기가 먼저 다가온다는 것을 잊어서는 안 된다. 기업뿐 아니라 개인도 마찬가지다. 개인이 가진 경쟁력이자 전문성도 유효 기간이 점점 짧아지고 있다. 하나의 자격증으로 평생 먹고살았던 시절이 있었지만 이제는 새로운 능력을 계속 쌓아가지 않으면 언젠가 도태되고 만다. 기업이나 개인이나 미래에 대한 대비는 필수인 셈이다.

기업의 수명이 짧아지는 것에 두려움을 가질 필요는 없다. 기업의 평균 수명이 자꾸 짧아지는 것은 그만큼 산업의 변화, 시장과 소비자의 진화가 빨라지고 있기 때문이다. 새로운 흐름을 타지 못하고 도태되면 그대로 소멸하는 것이 비즈니스다. 결국 시장과 소비자, 산업의 변화 속도에 기업이 따라가거나 앞서가야 한다. 기업이 가진 관성이자 과거의 성공방정식을 버리고, 새롭게 깨어나야만 생존할 수 있다. 미래를 보는 안목을 갖춘 이들에겐 오히려 기회다.

그렇다면 어떻게 해야 할까? 기존 사업과 신사업이 별개로 이뤄져야 한다. 그렇게 하지 않으면 미래의 먹거리를 오늘 당장의 먹거리 때문에 소홀히 할 수 있기 때문이다. 적어도 두세 개의 트랙을 가지고 달려야 한다. 지금 당장 하는 일에만 올인한다면 새로운 변화에는 둔감할 수밖에 없고, 경쟁력도 순식간에 도태될 수 있다. 미래를 보는 안목이 있고 없고의 차이는 기업의 수명에 결정적인 영향을 미친다.

미래는 예측하는 것이 아니라 창조하는 것이다

미국의 벤처캐피탈 샤스타벤처스^{Shasta Ventures}에서 미국 내 유니콘 기업(기업가치가 10억 달러 이상인 스타트업) 32곳의 '시리즈 A(프로토타입 개발부터 본격적인 시장 공략 직전까지의 기간, 즉 사업 초기 단계)' 시점의 특징에 대해 살펴본 적이 있었다. 조사 대상에는 우버, 트위터, 왓츠앱, 핀터레스트, 에어비앤비, 드롭박스, 스냅챗, 인스타그램, 네스트, 리프트 등 쟁쟁한 스타트업들이 포함되어 있었다. 놀랍게도 초창기 이들의 사업 아이디어에 대해 말도 안 되는 아이디어라고 평가한 이들이 많았다. 에어비앤비에 대해서도 투자자들이 "낯선 사람 집에서 누가 잠을 자겠냐?"라고 지적했다. 호텔이라는 기존의 강력한 경쟁자가 있다는 점도 비즈니스 모델을 부정적으로 보게 했다. 우버에 대한 시선도 비슷했다. 낯선 사람의 자동차를 타는 것에 거부감이 있고, 이미 택시와 렌터카라는 견고한 시장이 있었으니 말이다. 스냅챗에 대해서는 페이스북과 트위터 같은 강력한 소셜 네트워크가 있는 레드오션에 도전하는 무모한 후발주자로 보는 시각도 있었다. 하지만 결국 그들은 성공했다.

흥미롭게도 조사 대상 유니콘 기업 32곳 중 24곳의 창업자가 사업 경험이 전혀 없었다. 그러나 자기 아이디어에 대한 확신과 열정은 가득했고, 사업 초기 돈을 버는 것보다 고객 확보를 더 중요시했다. 기존 사업가들의 접근 방식과 다르다 보니 유니콘 기업이 될 수 있었는지도 모른다. 그들은 당장의 수익에 연연하지 않고 새로운 시장을 개척하는 데 좀 더 집중했다. 이렇게 접근한다고 해서 모두 성공하는 것은 아니다. 하지만 세상을 바꿔놓을 만한 탁월한 비즈니스는 과감하고 공격적이지 않으면 안 된다.

미래를 만드는 것은 과거의 관성에 빠지지 않은 사람의 몫이다. 지금 무모한 도전자처럼 보인다면 지금의 관성과 어긋나 있다는 이야기이기도 하다. 물론 허무맹랑한 시도와는 구별될 필요가 있겠지만, 분명한 사실은 미래는 도전하는 자가 만든다는 것이다. 남이 만든 미래에 얹혀사는 사람은 늘 미래의 꽁무니만 쫓을 뿐, 결코 미래를 만들어내지 못한다.

어릴 때부터 모형 비행기에 푹 빠진 소년이 있었다. 초등학생 때 부모를 졸라 고가의 모형 헬기를 구입했다. 하지만 소년은 모형 헬기 조종에 번번히 실패했고, 이윽고 누구나 쉽게 조종할 수 있는 모형 헬기를 만들겠다고 결심하기에 이른다. 이 소년이 자라 사범대에 들어갔고 얼마 지나지 않아 중퇴 후 홍콩과학기술대학 로봇 전공으로 재입학을 한다. 어릴 적 결심을 실행이라도 하듯 그는 졸업 과제로 모형 헬리콥터 조종기를 만들었고, 이후 경진대회에서 수상도 한다. 그리고 드론 회사를 창업한다. 2006년 DJI를 창업한 프랭크 왕Frank Wang, 汪滔 이야기다. DJI가 2013년 출시한 팬텀은 "2014년 10대 과학기술 제품(《타임》)", "2014 우수 첨단기술 제품(《뉴욕타임스》)", "가장 대표적인 글로벌 로봇(《이코노미스트》)" 등에 선정됐다. DJI는 세계 상업용 드론 시장의 점유율을 70% 확보하며 최대 드론업체로 도약했다. DJI의 매출은 2011년 420만 달러에서 2016년 14억 9천만 달러로 급성장했으며 현재 세계 상업용 드론의 표준 기술 대부분을 DJI가 가지고 있다. DJI 직원 8천 명 중 2600여 명이 연구개발 인력으로, 덩치가 커져도 연구 인력 비중은 3분의 1을 유지한다는 것이 창업자이자 CEO인 프랭크 왕의 철학이다. 심지어 2012년에는 인턴으로 있던 대학생 천이치陳逸奇가 공중에서 360도 회전 촬영을 할 수 있는 아이디어를 제시하자, 그에게 막대한 연구비와 100여 명의 연구 팀을 이끄는 역할을 맡겼다. 인턴이든 누구든 실력만 있다면 중요한 역할을 맡긴다는 철학을 지닌 CEO인 것이다. DJI는 드론업계의 퍼스트 무버다. 그들이 만드는 기술이 업계 표준이 되고, 그들이 업계의 미래를 이끌고 있다.《포브스》에 따르면 프랭크 왕의 자산은 36억 달러다.

컴퓨터게임, 비디오게임에 빠진 게임광 소년도 있었다. 학교도 다니지 않고 홈스쿨링을 했는데, 영화 〈매트릭스〉를 보고 난 후 가상현실에 빠지

▶ 드론을 조종하고 있는 DJI 창업자 프랭크 왕. DJI는 현재 상업용 드론의 표준 기술 대부분을 가지고 있고, 시장점유율을 70% 확보했을 정도로 급성장했다.

게 된다. 가상현실로 게임을 즐기고 싶었던 게임광 소년은 14세부터 가상현실 제품을 만드는 실험을 시작했다. 킥스타터에서 개발 비용 25만 달러를 모으기 위해 한 펀딩에서 무려 240만 달러를 모은다. 2012년 창업한 회사는 2014년 페이스북에 23억 달러에 팔렸다. 오큘러스VR을 창업한 파머 럭키^{Palmer Luckey} 이야기다. 오큘러스VR의 경쟁자들이 대거 쏟아지며 시장에서 고전도 했지만, 세상에 가상현실 고글을 선사하며 가상현실이 펼칠 미래를 현실로 만든 것은 전적으로 파머 럭키의 공이라 해도 과언이 아니다. 포브스에 따르면 파머 럭키의 자산은 7억 3천만 달러다.

'미래를 예측하는 최고의 방법은 미래를 창조하는 것'이라는 격언이 있다. 앞서 두 소년은 미래를 만든 사람이다. 남이 만드는 미래를 보고 발빠르게 따라간 것이 아니라, 그들 스스로가 미래를 만들었다. 세상에 없던 비즈니스가 끊임없이 나오는 시대다. 이러한 비즈니스를 주도하는 이들은 좋아하는 것에 미친듯이 빠져본 사람이고, 좋아하는 것을 꾸준히, 깊이 있게 파고들어가본 사람일 가능성이 크다. 그리고 겁없이 도전하는 사람이다. 이를 공식으로 표현해보자면 다음과 같다.

생각의 탁월함 수준×실행력 = 비즈니스의 성과

앞서 두 소년과 유니콘 기업 32개의 창업자 모두 미래를 직접 만들어간 사람들이다. 포사이트의 목적은 미래를 보는 데만 있지 않고 이들처럼 미래를 바꿀 수 있는 사람이 되는 데도 있다.

다가오는 미래를 생각할 때 아찔한 위험을 먼저 떠올리는 사람이 대부분이다. 자신감보다는 두려움이 크기 때문이다. 그러다 보니 과거의 안락했고 평온했던 기억에 집착하기 쉽다. 미래와 싸울 의사가 없고, 용기와 능력이 없어서이기도 하다. 모든 지나간 과거는 매력적으로 보이기 십상이지만, 그 과거가 미래를 매력적으로 바꿔주지는 못한다. 위안을 주는 잠깐의 도피에 불과하다.

미래를 보는 눈을 가진 사람들은 나이와 무관하게 미래에 대한 자신감이 강하다. 다가올 기회와 위기에 대해 늘 고민하고 주시하다 보니 누구보다 더 빨리 이에 대응하고 적응할 수 있다. 노련한 서퍼는 높은 파도가 와도 두렵지 않다. 파도를 피하려 들지 않고 오히려 파도를 즐긴다. 미래는 늘 파도같이 온다. 아찔한 위험과 함께 매력적인 즐거움을 동시에 선사한다는 점이 닮았다.

과거의 롤모델들을 빨리 떠나보내자. 스티브 잡스도 잊어야 한다. 스티브 잡스를 떠나보내자는 이야기는, 일론 머스크를 지우자는 말과도 같다. 특정한 누구를 지칭하는 것이 아니다. 이제 누구든 롤모델로 삼지 마라. 누군가를 목표로 삼고, 그를 따라 하는 일종의 벤치마킹은 산업사회 때나 통하던 전략이다. 세상에 없던 것을 만들기 위해서는 누구의 뒤가 아닌

181

앞에 서야 한다. 당신 스스로가 새로운 롤모델이라고 생각하자. 과거의 모든 것들에서 벗어날 용기가 필요하다. 세상에 처음 나오는 비즈니스, 한 번도 안 해봤던 비즈니스를 해야 하는 시대다. 과거에는 없던 시도, 새로운 길이 계속 필요한 이 시대에 결국 믿을 것은 자기 자신, 자신의 머리와 심장, 팔다리뿐이다.

2016년 세계경제포럼에서 중요하게 다뤄진 보고서가 바로 〈직업의 미래〉다. 이 보고서는 2020년까지 500만 개 이상의 일자리가 사라질 것이며 특히 사무 행정직으로 대표되는 화이트칼라 계층은 인공지능 로봇으로 대체되면서 3분의 2나 줄어들 것으로 예측했다. 그야말로 화이트칼라의 쓰나미급 위기다. 미래에도 살아남아 일자리를 지키려면, 미래를 미리 준비해야 한다. 당신이 그려본 미래에 대한 확신이 있다면 더 과감하고 더 끈기있게 도전할 수 있다. 도전하다가 지칠 때는 잠시 멈췄다가 다시 멀리 본다. 내가 가는 길의 방향이 맞는지, 그 방향으로 가면 미래의 기회를 만나는 것을 스스로 아직 확신하는지 다시 생각해본다.

왜 세상을 바꾼 IT 리더들은 대학을 중퇴하거나 진학을 포기했는가? 일론 머스크는 스탠퍼드 대학교 박사과정을 시작한 지 이틀 만에 그만둔다. 좋은 대학과 박사학위는 분명 중요한 경쟁력이다. 그럼에도 불구하고 그는 이를 과감히 포기하고 창업을 선택했다. 4년 후에는 창업한 회사를 매각하며 2200만 달러를 벌고 이 자금으로 다시 창업했다. 몇 년 후 더 큰 돈에 두 번째 회사를 매각했고, 그 돈으로 다시 창업을 해서 지금에 이르렀다. 사업을 위해 경영이나 창업을 배운 것도, 전기차나 우주 사업을 위해 자동차공학이나 우주공학을 배운 것도 아니다. 제도권 교육은 무언가를 알기 위한 방법 중 가장 느린 방법이라는 이야기가 지금 시대에는 통용된다. 과거에는 대학을 가고 학위를 따는 것이 전문성을 쌓는 최선의 방법이었다면, 지금은 비즈니스나 기술적 진화의 속도가 워낙 빠르다 보니 학교에서 여유부리며 배우는 것으로는 앞서갈 수가 없다. 일론 머스크는 새로운 관심 분야가 생기면 책을 읽고, 관련 분야 사람들을 만나 질문하면서 자신의 추론을 다듬어간다고 한다. 학교에서 죽은 이론을 배우는 대신 현장에서 생생하게 살아 있는 답을 찾는 것이다.

마크 저커버그, 빌 게이츠, 스티브 잡스 등 우리가 기억하는 IT 리더들이 남들이 하는 대로 학위를 따는 데 집중해 졸업 후 창업했다면, 페이스북과 MS, 애플 같은 회사는 없었을지도 모른다. 기회가 눈앞에 보이는데 타성에 젖어 더디게 행동한다면, 발빠르고 과감하게 행동하는 사람들에게 쓰라린 패배를 당할 수밖에 없다.

세계적인 미래학자 앨빈 토플러와
존 나이스비트는 어떻게 미래를 보는가

앨빈 토플러는 1980년에 출간한 저서 《제3의 물결》에서, 미래 사회가 정보화 사회가 될 것이며 20~30년 내에 정보화 혁명이 이루어질 것이라고 예견했다. 그의 주장대로 우리는 정보화 사회를 맞았으며 정보화 혁명도 현실이 되었다. 그리고 책에서 처음 언급한 재택근무, 프로슈머, 전자정보화 가정, 지식노동자 등이 모두 현실이 되었다. 노동조합 잡지의 기고자로, 노동·정치 담당 저널리스트로, 그리고 잡지 《포춘》의 부편집장으로 활동하며 《문화의 소비자》, 《미래의 충격》을 저술했고, 이후 대표작인 《제3의 물결》, 《권력이동》, 《부의 미래》 등을 저술하며 세계적인 미래학자이자 석학으로 존경받았다. 과연 그는 어떻게 이다지도 정확히 미래를 보는 눈을 지닐 수 있었을까? 토플러는 한국에서 청소년들을 대상으로 한 강연에서 "미래를 상상하기 위해 가장 중요한 것은 독서다. 미래를 지배하는 힘은 읽고 생각하며 커뮤니케이션하는 능력이다"라고 말했을 정도로 독서의 중요성을 강조했다. 특히 예측과 진단을 위해 신문을 좋은 도구로 활용했다. 그는 매일 아침 전 세계에서 배달되는 주요 신문 일곱 개를 서너 시간 정독하고 관찰 및 분석함으로써 통찰력과 안목을 키웠다.

미래학자 존 나이스비트John Naisbitt는 정보 사회로의 변화, 아시아의 부상과 중국의 역할 변화, 세계 여성 지도자 탄생 등 1990년대와 21세기 초까지의 주요 트렌드를 정확하게 예측했다. '메가트렌드'라는 개념을 정립한 것도 그다. 1982년 출간된 그의 대표작 《메가트렌드》는 《뉴욕타임스》 베스트셀러 순위에 106주 연속으로 올랐으며 전 세계적으로 1400만 부 이상이 팔렸다. 이 책은 탈공업화 사회, 글로벌 경제, 분권화, 네트워크형 조직을 특징으로 하는 현대 사회의 거대한 조류에 관한 내용을 담고 있다. 그의 예측은 놀랄 정도로 정확하고 정교한데, 20년 전의 예측들이 대부분 적중했다. 나이스비트는 어떻게 미래를 내다봤을까? 존 나이스비트는 미래 예측의 단서가 결국 현재이고, 현재를 들여다보는 가장 좋은 도구로 신문을 꼽았다. 실제로 "나만큼 한다면 누구나 미래를 읽을 수 있다. 나는 하루 예닐곱 시간씩 신문을 읽는다"라고 말한 그는 신문을 탐독하며 세상의 흐름을 읽어낸다. 수많은 잡지를 구독하고, 1년에 100일 이상은 세계 여행을 한다.

누구나 신문을 보고 잡지를 본다. 하지만 누구나 미래를 읽어낼 순 없다. 이들은 꾸준히 세상의 흐름을 읽으며 축을 세우고 감을 키워왔다는 점에서 일반 사람들과 다르다. 그렇다고 무슨 모범답안 따라 하듯 기술적으로 하지는 말자. 당신의 관심이자 습관, 놀이가 되도록 해야 한다. 그래야만 감을 꾸준히 쌓을 수 있고, 창의력과 안목도 그 속에서 같이 커갈 것이다. 단기간에 마법의 공식처럼 얻을 수 있는 게 아니다. 돈과 물건은 뺏거나 훔쳐갈 수 있지만, 안목과 생각은 절대 도둑맞지도 사라지지도 않는다. 온전히 내 것인 채로 평생 함께 갈 수 있다.

과거부터 현재까지를 충분히 본 사람이 미래도 본다. 미래는 어느 날 갑자기 오는 것이 아니다. 지속적으로 변화의 흐름을 파악하고, 추적하고, 이해해온 사람들에게 주어지는 안목이 바로 포사이트다. 지나고 나서 보면 다 과거이지만, 그 시점을 맞이하기 전까지는 미래다. 그러므로 과거와 현재, 미래를 서로 분리해 이야기할 수 없다. 역사를 아는 것이 중요한 이유도 여기에 있다. 모든 것들이 결코 똑같이 반복되진 않지만, 유사하게 반복되는 경우는 많다. 기업 사례 분석도 마찬가지다. 지나온 과정을 객관적으로 들여다봄으로써 유사 상황이 생겼을 때의 대비를 할 수 있고, 변화의 흐름 속에서 다음의 흐름을 미리 예상해볼 수도 있다. 이렇듯 과거를 통해 미래를 볼 수 있다.

미래를 보기 위해서 기술적 진화에도 계속 주목해야 한다. 특히나 미래의 산업과 사회가 기술적 진화에 영향을 크게 받는 지금 시대에서는 더더욱 그러하다. 누구나 보편적으로 IT와 테크에 대한 이해와 관심은 갖추고 있을 필요가 있다. 과거와 현재, 미래의 흐름을 살피고, 기술적 진화를 살피는 것이야말로 포사이트를 키우는 데 필수다.

미래는 어제와 오늘이 쌓여서 만들어진다

세계의 정치와 경제, 문화를 주도하는 선진국은 하루아침에 만들어지지 않았다. 세계 경제를 쥐락펴락하는 글로벌 대기업도 그렇다. 탁월한 전문가도 마찬가지다. 모두 오랜 축적의 시간을 거쳤으며, 꾸준히 쌓인 것은 절대 무너지지 않는다. 미래학 책을 독파하고 신기술 정보를 다룬 보고서를 잔뜩 구해서 본다고 포사이트가 어느 날 갑자기 생기는 것이 아니다. 지속적으로 끈기 있게 세상의 흐름을 관찰하고 관련 지식을 쌓을 때에야 비로소 포사이트를 얻을 수 있다.

자신의 눈만으로 멀리 보는 데는 한계가 있다. 그러므로 다양한 전문가들이 그리는 미래를 계속 주시하는 것이 필요하다. 지속성, 즉 축적을 통해 생각의 힘을 단련시켜야 한다. 지속적으로 미래를 살펴다 보면 어제 본 미래가 어느새 현재가 되어 있고, 과거가 쌓여 현재를 만들어가는 것도 직접 확인할 수 있다. 결국 미래는 어제와 오늘이 쌓여서 만들어진다. 즉 축적의 시간을 가진 도전자들이 새로운 미래를 열어간다. 탁월한 기술이나 비즈니스도 그 이전 단계의 기초적인 수준에서부터 시작했다. 누군가가 시도한 것이 계속 쌓이고 진화하면서 놀라운 성과가 된다.

서울대학교 공과대학 교수 26인의 한국 산업에 대한 제언을 이정동 교수가 정리하고 집필한《축적의 시간》이란 책이 있다. 여기서 말하는 '축적의 시간'은 실수가 허용되는 문화를 통해 오랜 시간 쌓인 경험자산을 일컫는다. 한국의 산업이 단기간에 급성장한 배경에는 선도기업에 대한 벤치마킹과 특유의 속도전이 있다. 반면 기술력을 바탕으로 새로운 도전의 틀을 제시하는 인재와 기업은 부족하다. 발빠르게 움직여 시장을 차지하는 데는 지금까지의 방법이 통했지만 계속 속도전만으로 승부할 수는 없다. 지금껏 한국이 자랑하는 산업은 크게 자동차, 반도체, 그리고 조선업이었다. 이 중 조선업계가 사활을 걸고 진출했다가 난관에 봉착한 해양플랜트 분야만 하더라도, 수백 년 데이터를 쌓아온 유럽, 미국 기업에 라이선스 형태로 설계를 사오기만 하니 역량이 축적될 수 없고 예측 능력도 떨어져 조금만 문제가 생겨도 위기에 처하게 된다. 자동차 산업도 외형은 커졌지만 축적된 기술이 적고, 전기차 같은 향후 시장에서의 경쟁력도 높지 않다. 반도체 산업도 메모리 분야에서는 경쟁력이 높지만, 반도체 시장에서 비중이 더 높은 시스템인 비메모리ⁱᶜ 분야에서는 그렇지 못하다. 반도체는 중국의 가파른 성장세도 위기 요소다. 이미 앞서가고 있는 산업에서도 언제든 추월을 당할 수 있는데, 결국 시행착오 경험을 통해 누가 더 과감하게 새로운 비즈니스를 만드느냐가 중요하다. 유럽과 미국 같은 기술 선진국들은 200~300년 이상 시행착오를 축적할 시간이 있었고, 중국은 넓은 시장을 바탕으로 시행착오를 축적할 공간이 있어 이를 십분 활용해 새로운 비즈니스를 만들어가고 있다. 하지만 한국은 축적의 시간도 없었고 설상가상 축적의 공간도 적다. 시행착오와 실패에 대한 경험자산을 쌓는 것은 무척 중요하다. 쌓여서 얻어지는 능력만큼 탁월한 것도 없기 때문이다. 산업에서 운동선수의 튼튼한 하체 역할을 하는 것이 바로 축적된 기술 및 산업자산이다.

한국은 세계적으로 유례없을 정도로 단기간에 급성장한 나라다. 순발력, 열정, 요령, 수완 모두 다 보통 이상이다. 하지만 창의력은 그렇게 얻을 수 없다. 경험과 안목의 축적이 만들어주는 선물이 창의력이다. 족집게 과외로 단기간에 점수를 올리는 방식으로는 탁월한 생각을 만들어낼 수 없다. 적어도 5년 후, 10년 후의 당신을 위해서 지금부터라도 축적의 힘을 키워보자. 5년이라고 하면 너무 길다고들 하는데, 당장 몇 달 만에 승부를 보려는 생각부터 내려놓자. 앞으로 당신에게 남은 인생은 몇 년일까? 지금 30대인 사람이라면 적어도 50년 이상 남았다. 이런 사람에게 몇 년은 그리 길지 않다. 당장 써먹을 것과 두고두고 길게 써먹을 것을 구분해서 두 개 트랙으로 나눠 준비해도 좋다. 그러니 5년, 10년이라는 시간에 너무 겁먹지 말자. 군이 1만 시간의 법칙이니 10년 법칙이니 꺼내지 않더라도, 우리가 좋은 안목을 갖추고 창의력을 함양하는 데 긴 호흡으로 축적의 힘을 쌓아야 하는 것은 당연하다. 만약 당신이 20대에 안목을 축적하기 시작했다면 남들과 다른 30대를 만날 것이고, 30대에 시작했다면 40대를 훨씬 깊고 풍부한 안목으로 맞이할 수 있을 것이다.

미래도 보는 시점에 따라 달라진다. 2010년은 지금의 우리에게 과거지만, 2000년에는 미래였고 1970년에는 엄청난 미래였다. 2020년은 지금 우리에겐 미래지만, 조금만 지나면 누군가에게는 익숙한 현재 혹은 과거가 되어버린다. 2017년을 살고 있으면서 1980년대에 머문 사람처럼 사고하는 이들이 여전히 많다. 포사이트를 가지기 위해서는 과거부터 현재, 미래로 이어지는 흐름과 방향을 읽어야 한다. 그러려면 스스로도 과거에 멈춰 있으면 안 된다. 자신은 바뀌지 않고 과거에 머물러 있으면서 미래를 논하는 것은 넌센스다. 끊임없는 자기 점검과 새로운 경험을 위한 노력이 필요하고, 무엇보다 새로운 변화를 받아들이는 포용적 태도와 흡수력을 갖춰야 한다. 이렇게 안목을 쌓은 사람은 변화에 유연하게 대처하지 못하는 사람들에 비해, 다가오는 미래가 만들어내는 위기에 쉽게 무너지지 않는다.

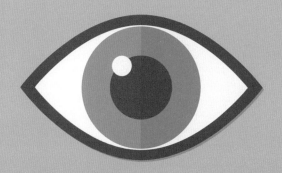

드러나지 않는 것에 더 집중한다
In-sight : 추리하는 눈

모든 문제에는 그에 따른 해결책이 존재한다.

일단 문제를 세부적으로 나눈 후, 근본적인 측면으로 돌아가야 한다.

왜냐하면 더 나은 해결책이 반드시 그곳에 있기 때문이다.

일론 머스크 † 테슬라 CEO

세기의 발명품에서
비싼 장난감으로 전락한 세그웨이

혁신적이고 창조적인 경영자의 아이콘과도 같은 스티브 잡스와 제프 베조스, 그리고 실리콘밸리의 미다스 손이라 불린 벤처캐피탈리스트 존 도어^{John Doerr}까지, 이 세 사람이 하나같이 극찬한 발명품이 있다. 바로 1인용 이동 수단으로 개발된 세그웨이^{Segway}다. 스티브 잡스는 PC 이후 가장 놀라운 발명품이라고 했고, 존 도어는 인터넷보다 더 큰 가치를 가질 것이고 역사상 가장 빨리 10억 달러 매출을 달성하는 제품이 될 것이라며 1억 달러를 투자했다. 미국의 시사주간지 《타임》이 선정한 올해의 발명품에 들기도 하는 등 전 세계 언론이 혁신적인 발명품이라며 침이 마르게 칭찬했다. 2000년이 되기 전 전 세계는 21세기라는 새로운 밀레니엄을 맞는다는 기대에 들떴고, 그 시기에 사람들에게 소개된 제품이 세그웨이였다. 존

도어는 구글의 초창기(1998년 9월에 창업)인 1999년에 2500만 달러를 투자하며 엄청난 안목을 자랑했던 벤처캐피탈리스트이고, 그가 투자한 기업들 중에 세계적 기업으로 성장한 곳도 많았다. 그랬던 그가 세그웨이에 투자한 돈은 구글에 투자한 돈보다 네 배나 많았다. 한마디로 세그웨이에 제대로 꽂힌 것이다.

발명가 딘 케이멘Dean Kamen은 휠체어를 탄 장애인이 좁은 길에서 방향을 틀지 못해 고생하는 모습을 본 후, 스스로 균형을 잡을 수 있는 휠체어가 있으면 어떨까 생각했다. 연구 끝에 그는 자이로스코프 센서와 수평 센서를 바탕으로 스스로 무게중심을 잡는 개인용 이동 수단 세그웨이를 발명한다. 전기동력이라 친환경적이기도 한 이 발명품은 2001년 출시할 때만 해도 예상 판매 대수가 한 달에 약 4만 대였다. 하지만 뚜껑을 열고 나니 전혀 달랐다. 첫 5개월간 6천 대를 파는 데 그쳤고, 총 5만 대를 파는 데만 8년이 걸렸다. 개발 비용으로만 1억 달러가 든 세그웨이다. 한마디로 망한 것이다. 세그웨이는 기대와 달리 사람들의 일상을 바꿔놓을 혁명적 제품이 되지 못하고 비싼 장난감으로 전락했다. 물론 세그웨이와 유사

한 개인용 이동 기기들을 무수히 만들어내는 데는 기여했으니, 발명 자체로만 보면 세계적인 발명이 맞긴 하다. 하지만 딱 거기까지였다. 비즈니스로서는 최악의 실패 사례였다. 2003년 월간지《와이어드》는 '세그웨이의 몰락'이라는 제목으로 세그웨이를 가치 창조에 실패한 대표적 사례로 다뤘다. 2009년《타임》은 지난 10년간 실패한 10대 제품을 선정했는데 그 중 세그웨이도 포함되었다.

세그웨이의 최고 경쟁 상대는 무엇이었을까? 바로 자전거다. 자전거는 이미 사람들에게는 개인용 이동 수단으로 각인되어 있는 데다 친환경이기까지 하다. 더구나 세그웨이의 초창기 가격이 4950달러로 비교적 높았던 것을 생각하면, 사람들이 비싼 돈을 들여가면서 자전거 대신 세그웨이를 살 이유가 별로 없었다. 사실은 돈이 들지 않고 도구가 따로 필요 없기까지 한 도보 이동도 세그웨이에게는 치명적인 경쟁 상대였다. 속도도 애매하다. 최대 시속 20km로 아주 빨리 이동할 수 있는 수단도 아니고, 장거리 이동에도 한계가 있다. 복잡한 도심에서는 타인의 안전 때문에도 위험하다. 아니러니하게도 세그웨이 생산업체의 대표 지미 헤셀든Jimi Heselden이 2010년 세그웨이를 타다가 사망하는 사건도 있었다. 가뜩이나 운동이 부족한 현대인들에게 일상의 가까운 이동마저도 도보가 아닌 기계에 의존하는 것을 부정적으로 보는 이들도 많았다. 이러한 이유들 때문에 공항 같은 넓은 공간에서 업무용으로 사용하는 것 외에 일상에서 세그웨이를 타고 다니기는 쉽지 않았다. 무게도 50kg에 가깝고 차 트렁크에 싣기도 어려웠다. 게다가 세그웨이를 타는 모습이 멋져 보이지도 않았다. 필요도 크지 않고, 그렇다고 욕망을 자극하는 물건도 아니었던 셈이다. 2014년 샤오미Xiaomi Inc.는 중국 전동 스쿠터 생산업체 나인봇Ninebot에 투자했는데, 2015년 나인봇이 8천만 달러 규모로 세그웨이를 인수한다. 이후 샤오미는 '나인봇 미니'를 1999위안(약 33만 원)에 출시한다. 세그웨이가 세상에 등장한 지 15년 만에 큰 폭으로 가격이 떨어진 셈이다.

자, 다시 과거로 돌아가보자. 스티브 잡스와 제프 베조스, 존 도어는 세그웨이의 이런 미래를 왜 보지 못했을까? 그들이 자신의 실수를 확인하기까지 오래 걸리지도 않았다. 제품 출시 전까지 자신이 믿었던 환상적인 미래가 출시 직후 불과 몇 달 만에 사라져버렸으니 말이다. 왜 그들은 실패할 비즈니스라고 예측하지 못하고 세그웨이를 극찬했던 것일까? 그들의 안목에 무슨 문제라도 있었던 것일까?

세그웨이 시승에 초대된 스티브 잡스는 다른 사람이 탈 순서인데도 내리지 않으려 했을 정도로 이 놀라운 발명품에 꽂혔고, 지분 투자 제의까지 했다. 밀려오는 투자 제의가 너무 많아서 결과적으로 이 제안은 무산되었지만 말이다. 문제는 스티브 잡스가 자동 평형 장치라는 기술적 혁신이 주는 경험 자체에만 관심을 가진 나머지 이 제품이 가진 문화적, 사회적, 제도적 문제 등을 간과했다는 것이다. 즉 세그웨이를 타고 인도로 가야 할지 차도로 가야 할지 등 법 제도와 인프라에 대한 이해가 없었다. 인도로 달리기엔 부피가 크고 빨라서 보행자들이 위험하고, 차도로 달리기엔 느려서 세그웨이 운행자가 위험하다. 또한 잡스는 비싼 가격을 지불할 만큼 쓸모가 있는지 가성비를 따질 필요도 없었다. 엄밀히 말하면 그는 발명품 자체에 꽂힌 얼리어답터였다. 일반 소비자의 입장에서 보면 일상의 도구보다는 레저용 도구나 신기술에 호기심 많은 얼리어답터들의 장난감에 가까웠다. 세그웨이는 자전거를 대체하지도, 자동차를 대체하지도, 우리의 도심 이동 방식을 대체하지도 못했다.

스티브 잡스나 제프 베조스, 존 도어는 어쩌면 일반인의 삶을 살지 않아서 세그웨이라는 발명품이 가진 현실적 한계를 보지 못했던 것은 아닐까? 직장인이 세그웨이를 끌고 출퇴근을 한다고 생각해보자. 인도와 차도를 넘나들며 가는 길도 고달프고, 집에는 세그웨이를 보관할 공간도 필요하다. 집이 넓다면 괜찮겠지만, 원룸이라면 어떨까? 직장에서도 남에게 피해를 주지 않으면서 보관할 공간이 필요한데, 그런 공간을 일일이 배려해주는 직장이 얼마나 될까? 이런 걱정을 할 필요가 없는 이들에겐 세그웨이의 멋진 기술만 눈에 들어왔을지 모른다. 결국 여기서도 소비자 관점의 안목이 무엇보다 중요함을 확인할 수 있다. 기술 자체의 탁월함으로 승부하면 발명 자체로 끝난다. 발명이 제품이 되어 비즈니스가 되려면 기술을 넘어 소비자의 필요와 욕망까지도 담아낼 수 있어야 한다. 그게 안 되면 보편적으로 소비되는 대중적 제품은 만들 수 없다.

탁월한 생각이
다 탁월한 비즈니스가 되는 것은 아니다

《타임》이 2012년 최고의 발명품으로 꼽았던 증강현실 스마트 안경인 구글 글래스는 2014년 1500달러에 판매됐지만 실적은 극히 부진했고, 2015년 들어 판매를 중단했다. 첫 번째 구글 글래스는 완벽한 제품이 아니라 그들의 아이디어를 구현해놓은 베타 버전과도 같았다. 그럼에도 불구하고 완벽한 제품인 것처럼 홍보되어 소비자의 기대감만 높였다. 구글 글래스는 개발자 중심의 시각에서는 흥미로운 제품이지만 일반 사용자가 일상에서 사용하기에는 문화적, 사회적 장애물이 많았다. 구글 글래스를 쓰고 허락 없이 다른 사람의 사진과 동영상을 찍는다고 생각해보라. 프라이버시 문제가 대두될 수밖에 없다. 게다가 커다란 안경 형태의 외형은 남들의 시선을 너무 쉽게 끈다. 안경 안에서 디스플레이를 보는 것이 시력 손상이나 어지럼증을 유발하는 문제도 무시할 수 없다. 소비자에게는 신기하긴 하지만 낯설고 불편한 제품이었다. 기술만 구현되었을 뿐 소비자에게 판매하기엔 준비가 부족했음에도, 구글 글래스라는 탁월한 아이디어에 심취되어 시장을 너무 낙관적으로 본 것이 패착이었다. 기술만 강조하고 소비자는 배제한 제품이었다. 판매 중단 이후 구글 글래스를 포기할 것이라는 루머가 돌자 에릭 슈미트 회장은 이를 부인하며 미래 유망시장이 될 웨어러블 기기와 글래스 프로젝트를 계속할 것이라고 강조했다. 2015년 가을, 프로젝트 아우라Project Aura로 이름을 바꾸고 구글이 인수한 네스트Nest의 CEO 토니 파델Tony Fadell을 책임자로 둔다. 구글 글래스를 처음부터 다시 개발한다며 상용화 계획도 제시했지만, 2016년 토니 파델이 네스트를 그만두면서 구글 글래스 상용화 계획은 끝이 났다. 향후 어떻게 될지는 모르지만, 적어도 현 시점에서 구글 글래스는 실패한 제품이다.

구글의 타이탄Titan 드론 인터넷 프로젝트도 사실상 실패로 끝났다. 구글은 높은 고도에 태양광 드론을 띄워 장시간 비행하게 하고, 이것을 인터넷망으로 활용해 아프리카를 비롯한 개발도상국의 수많은 사람들에게 인터넷을 연결시켜주려 했다. 선진국의 인터넷 사용자는 이미 다 확보했으니 제3세계로 눈을 돌린 것인데, 부족한 인프라의 한계를 태양광 드론을 띄우는 아이디어로 해결하려 한 것이다. 구글은 2014년 태양광 드론 기술을 가진 타이탄 에어로스페이스Titan Aerospace를 인수하며, 태양광 드론으로 전 세계의 인터넷망을 연결시킬 궁리를 한다. 페이스북도 비슷한 시도를 했는데, 드론 인터넷 프로젝트 아퀼라Aquila가 그것이다. 구글과 페이스북 모두 전 세계 인터넷 사용자 수가 늘어나야 비즈니스에 유리하므로, 한창 기술적으로 성장하고 있는 드론을 이에 활용하고자 했다. 하지만 생각처럼 되진 않았다. 타이탄과 아퀼라 모두 비행체 사고 등 비행 중 문제가 계속 발생했다. 사업을 계속 진행할 경우 사업비도 막대하게 들었다. 2017년 1월 타이탄 프로젝트에 속했던 50명 이상이 구글과 알파벳 내 다

▶ 타이탄 에어로스페이스가 제안했던 태양광 드론. 태양광 드론으로 제3세계의 인터넷망을 연결한다는 참신한 아이디어는 기술적 문제와 막대한 사업비 문제로 사업화 되지 못했다.

른 부서로 이동했다는 보도가 나왔다. 이동한 인력 중 일부는 열기구로 인터넷망을 제공하는 프로젝트 룬Project Loon으로 갔다고 한다. 드론으로 제3세계 인터넷망을 연결한다는 참신한 아이디어는 그저 아이디어로만 머물 확률이 크다.

사실 아이디어는 단순하고 그 자체로는 별것 아닐지도 모른다. 비즈니스 창의력을 반짝이는 아이디어만 내면 되는 것으로 오해하면 안 된다. 탁월한 아이디어가 아니어도 탁월한 비즈니스가 되는 사례는 얼마든지 찾아볼 수 있다. 반대로 탁월한 아이디어라도 비즈니스로는 실패하는 경우도 있다. 결국 머릿속에서만 머문 아이디어는 딱 그 정도의 가치만 지닌다. 그러니 턱 괴고 책상에 앉아서 상상하고 아이디어를 떠올리는 데만 집중하지 말고, 소비자들이 있는 곳에서 그들을 보고 함께 어울리고, 새로운 기술이 연구되는 곳에서 가까이 지켜보라.

일론 머스크와 칼 세이건의 추론하는 눈

"제1원리란 가장 기본적인 원리에 충실하는 것이고, 거기서부터 모든 것이 시작된다." 일론 머스크가 설명한 자신의 문제 해결 방식이다. 제1원리로부터 추론하기First Principle Thinking라고 할 수 있는데, 관습이나 경험이 아니라 근본적인 차원에서 문제에 다가간다. 문제의 본질에서 추론을 시작하고 이를 검증해가면서 결론이 타당한지 살핀다. 이 원칙에 따르면 복잡한 문제를 이해 가능한 몇 가지 문제로 정리할 수 있고, 다수의 의견에서 한 발짝 떨어져서 객관적으로 해결책을 검증할 수 있다. 예를 들면, 전기자동차의 가장 큰 걸림돌은 자동차용 전기 배터리가 너무 비싸 가격 경쟁력이 떨어진다는 점이다. 머스크의 제1원리로 해결책에 접근해보면, 근본적으로 배터리가 무엇으로 만들어지는지 생각해보고, 그다음으로 각 재료의 단위당 가격을 파악한다. 배터리 가격이 문제라면, 재료를 더 저렴하게 만들거나 같은 비용으로 더 좋은 기능을 발휘할 수 있는 재료를 찾는다.

이렇게 도출된 결론은 행동으로 과감히 옮긴다. 일론 머스크가 지금껏 벌인 사업들을 보면 하나같이 기존에 없던 것을 만들어냈다. 당연히 성공 사례를 벤치마킹하거나 경험에 근거해서는 문제를 풀 수 없다. 이미 풀어본 문제를 푸는 것과 한 번도 풀어보지 않은 문제를 푸는 것은 다르다. 지금 비즈니스에서 일어나는 혁신들은 모두 인류가 한 번도 경험해보지 못한 문제를 푸는 과정에서 나온다. 천재나 예지자만이 풀 수 있는 것이 아니다. 좋은 안목과 창조적 사고방식을 가진 이들이라면 누구나 풀 수 있다.

칼 세이건Carl Sagan의 "과학이란 지식의 총체라기보다는 특정한 형태의 사고 방식"이라는 말의 의미도 생각해볼 필요가 있다. 과학이 사고방식이라면, 과학자가 아니어도 누구나 과학자처럼 생각할 수 있다는 말이기도 하다. 과학은 자신의 감이나 남의 주장이 아닌 검증되고 밝혀진 사실에 의거해서만 결론을 만들어간다. 사람말고 과학적으로 검증된 사실을 믿는다. 이는 비즈니스에서도 마찬가지다. 이미 검증되고 도출된 사실들을 퍼즐 조각 삼아 답을 맞혀가는 것이 논리적 추론이다.

만약 당신에게 문제가 발생했을 때, 어떤 방법으로 풀어갈지 한번 떠올려보자. 그 문제를 먼저 겪은 선험자의 해결책을 따르는 것도 하나의 방법이다. 또 권위자나 석학의 가르침을 따르는 방법도 있다. 존경하는 사람의 조언을 따르는 것, 최대한 많은 사람들에게 물어보고 가장 많이 나온 의견을 따르는 방법도 있다. 경험치가 있다면 지난번에 했던 방법대로 하는 것도 가능하고, 직관적으로 끌리는 대로 하는 것도 방법이다. 하지만 이들 여러 방법에는 근본적인 결함이 있다. 그 문제 자체에 대한 논리적 추론이 빠져 있다는 점이다. 비즈니스에서도 직접 답을 추론하고 실험하고 검증하는 대신, '구글의 방식'이나 '애플의 방식'이라는 권위에 의존해 해결하려 한다. 수많은 경영 구루들을 신봉하며 성공 기업들의 사례를 벤치마킹한다. 물론 그것도 도움이 되지만, 내가 직면한 문제를 해결할 정답은 얻지 못한다. 왜 본인이 직접 문제의 본질에 다가가려 하지 않고 남의 이야기에만 귀를 기울이는가? 남이 자기 선택의 결과까지 책임져주지 않는데 말이다. 일론 머스크가 세상을 남다르게 보는 것이 아니다. 그는 지극히 과학자의 시선으로 문제를 바라본다. 남이 내린 그 어떤 결론도 맹목적으로 혹은 관성적으로 받아들이지 않는다. 자기 목표를 달성하기 위해 추론하고, 그 추론을 과학적으로 증명하면서 목표에 대한 확신을 가진다. 그렇게 증명된 목표에 대해선 과감하게 현실에서 실행한다. 다른 사람들의 눈에는 너무 허황되거나 호기로워 보일 수 있겠지만, 그에게는 논리적 확신이 있다. 그랬기에 테슬라 전기차도, 우주 사업도 현실이 될 수 있었다.

인사이트도 보는 것에서 시작한다

인사이트는 '통찰'로 번역되는데, 문제의 본질을 이해하는 능력을 가리킨다. 인사이트는 겉으로는 안 보인다. 내부에 깊숙이 들어가야만 보인다. 일종의 MRI, 투시경, 때로는 현미경 같은 눈이다. 맨눈으로는 보이지 않는 것을 보게 하는 눈이다. 깊숙이 들여다본다는 것은 물리적으로 파고 들어 꿰뚫는다는 의미만이 아니다. 킨사이트, 크로스사이트, 포사이트를 통합적으로 갖췄을 때 비로소 인사이트가 생긴다. 모든 안목의 최종적 귀결이 인사이트인 것이다.

바둑의 고수는 최소 몇 수에서 10수 정도 앞을 내다보고 수를 둔다. 당장 눈앞의 바둑판에는 놓여 있지 않은 돌을 머릿속에 그려내는 것이다. 겉으로 드러나는 것은 누구에게나 보인다. 하지만 그것만 믿고 비즈니스를 전개하다 보면, 결국 한계에 부딪친다. 아는 만큼 보이고, 보이는 만큼 생각하고, 생각한 만큼 행동할 수 있다. 인사이트는 다양한 정보의 취합 속에서 나온다. 하나의 이슈에 대한 다양한 분야의 관점과 정보를 모으고 해석하다 보면 그물망처럼 촘촘히 정보가 쌓여 본질에 다가가기 쉽다. 하나의 이슈가 하나의 관점, 하나의 면으로만 이뤄진다는 확신만큼 위험한 것은 없다. 그래서 인사이트는 섣불리 단정짓지 않는 태도이기도 하다. 빠른 판단과 쉬운 단정은 다른 것이기 때문이다. 생각의 속도는 빠르되,

신중한 판단을 위해서 풍부한 정보와 다른 견해에 눈과 귀를 열어야 한다. 정해놓은 답에 부합하는 정보들만 취합하는 짜맞추기식 사고는 경계해야 한다.

'상상想像'이라는 단어는 '생각 상想'과 '모양 상像'이 결합되었다. 실제로 보거나 경험하지 않은 현상이나 사물을 마음속으로 그려본다는 뜻으로, 생각을 그린다는 말이다. 그런데 모양 상像은 엉뚱하게도 사람 인亻 변에 코끼리 상象이 합쳐져 있다. 왜 사람과 코끼리가 같이 있는 것일까?

중국의 고전 《한비자》의 〈해로解老〉 편에 '상상'의 어원이 나온다. 전국시대 사람인 한비韓非가 살던 기원전 3세기의 화북 지역에서는 죽은 코끼리의 뼈를 구해 그림을 그려 살아 있는 코끼리의 모습을 떠올려보곤 했다. 기원전 900년 이전까지만 해도 중국 전 지역에 코끼리가 살았지만 기후가 한랭해지면서 코끼리 서식지가 남하했고, 숲이 경작지를 대체하면서 코끼리가 점점 사라졌기 때문이다. 그러니 한비가 살던 시대에는 코끼리의 모습을 죽은 코끼리 뼈로밖에 추측할 수 없었던 것이다. 이것이 현재 눈앞에서 찾을 수 없는 미지의 이미지를 그린다는 뜻의 글자가 '코끼리 상象'이 된 연유다. 막연히 아무것도 없는 상태에서 완전히 새로운 것을 그려내는 것은 쉽지 않다. 구체적 실체의 단서가 되는 뼈라도 있어야 상상이 가능하다. 결국 상상도 보는 것에서 출발한다. 정민의 《일침》에 나와 있듯 상상은 "이미지를 유추해 본질에 도달하는 것"이다.

영어에서도 상상을 뜻하는 'imagination'은 'image'에서 출발한다. 마음속에 떠오르는 영상을 시각화시키는 것에서 상상이 시작된다는 이야기다. 영어 'image'는 모양, 형상을 뜻하는 라틴어 'Imago'가 어원인데, 'Imago'는 모방을 뜻하는 라틴어 'imitátio'에서 나온 말이다. 모방할 수 있다는 것은 그 형태와 모양을 제대로 관찰했다는 의미이기도 하다. 모방과 상상, 창조는 모두 무언가를 보고 그것을 본떠 그려내는 것과 연관이 있다. 우리에게 본다는 것이 얼마나 중요한 것인지 여기서도 드러나는 셈이다.

참고로 '날카로운상상력연구소'라는 이름은 날카로운(예리하고 치밀한) 눈으로 보는 상상력을 연구하는 곳이라는 뜻이다. 영어로는 'Keen-Eyed Imagination'이라고 쓴다. 좋은 안목으로 잘 보는 것에서 상상력(창의력)이 시작된다는 믿음에서 출발한 '날카로운상상력연구소'는 트렌드의 배경과 이유를 분석하고 그 속에서 나올 기회를 찾는 '트렌드 인사이트Trend Insight'와 비즈니스에서 필요한 혁신과 창조적 사고를 이끌어내는 '비즈니스 창의성Business Creativity'을 함께 연구한다. 두 연구 주제가 서로 다른 듯해도, 날카로운 눈으로 현상과 문제를 치밀하게 들여다보고 흔하지 않은 독창적인 생각을 결합시켜야 한다는 점에서는 같다.

당연히 눈이 두 개인 사람보다 네 개인 사람이 훨씬 많은 것을 동시에 볼 수 있다. 눈이 옆에도 뒤통수에도 달렸다고 생각해보면, 더 입체적으로 볼 수 있는 데다 360도 전후좌우를 놓치지 않고 보니 훨씬 더 강력할 것이다. 눈 두 개인 사람들 사이에서 별종이자 비주류 취급은 받겠지만 말이다. 생물학적 눈 말고 생각의 눈을 진화시키는 것이 필요하다. 보는 것만큼 생각하고, 생각하는 만큼 보게 된다. 즉 보는 것과 생각하는 것은 서로 상호작용하며 더 많은 것을 보고 생각하게 만든다. 인사이트는 바로 우리의 눈을 보다 확장시켜 더 예리하고 더 넓고 더 멀리, 그리고 더 통합적으로 보게 해주는 힘이다.

●

말로 표현되지 않는 니즈를
어떻게 알아낼 것인가?

"좋은 것은 종종 명확하게 설명할 수 없는 것이다. 명확하게 설명할 수 있는 것은 종종 좋은 것이 아니다." 마윈 회장이 한 말이다. 신제품 아이디어를 얻거나 마케팅의 방향을 잡기 위해 소비자를 대상으로 설문조사나 포커스 그룹 인터뷰FGI를 하는 경우가 많다. 과거에 모든 조사는 수치로 말했다. 그렇게 찾은 답으로 많은 신제품을 만들었고 성과도 거두었다. 그런데 이제 우리가 가진 보편적 니즈 중 제품화시킬 수 있는 것들은 이미 다 되어 있다고 해도 과언이 아니다. 오늘날 탁월한 아이디어를 고안해내야 하는 사람들은 과거에서부터 존재하는 뻔하고 익숙한 제품들과도 싸워야 한다. 존재하는 모든 것들과 싸우려다 보니 보편적 답을 끄집어내는 데 효과적인 정량적 조사로는 한계가 크다. 그래서 심층면접이나 투사법 등을 통해 소비자의 심층적 태도를 알아내는 정성적 조사가 점점 중요해지고 있다.

이러한 흐름에 기여한 사람 중 한 명이 하버드 대학교 경영대학원의 제럴드 잘트먼^{Gerald Zaltman} 교수다. 그는 저서 《How Customers Thinks: Essential Insights into the Mind of the Market》에서 인간 사고에서 말로 표현되는 부분은 5%에 불과하고 95%는 무의식에서 발생한다고 주장했다. 사람의 마음을 움직이기 위해서는 무의식에서 답을 찾아야 한다는 것이다. 결국 소비자를 관찰하고, 무의식적 행동 속에서 숨은 단서를 찾아내는 것이 중요하다. 소비자가 진정으로 무엇을 원하는지는 소비자 스스로도 잘 모른다. 소비자가 자신의 욕망에 따른 필요도 말하고 불편에 대한 불만도 드러내지만, 무의식 속에 내재해 있는 본질적인 욕구를 인지해서 말로 정확히 표현하지는 못한다. 소비자도 모르고, 기업도 모른다면 과연 누가 아는가? P&G, 일렉트로룩스, LG전자에서는 문화인류학자들이 중요한 연구 프로젝트를 진행한다. 인텔은 2010년 인텔 사회과학연구소를 만들어 문화인류학자만 100명에 미래학자, 심리학자, 소설가 등 다양한 분야의 연구원들을 채용했다. 소비자의 무의식에 숨어 있는 95%의 답을 찾아내기 위해서는 소비자를 관찰하고 함께 어울리면서 조사를 진행하는 문화인류학자들의 접근법과 다양한 분야의 인사이트가 필요하기 때문이다.

소비자의 속마음이나 특정 분야의 내부를 깊숙이 들여다보는 데 활자화된 자료만 보아서는 아쉬움이 있다. 결국 대면 인터뷰를 통해 좀 더 현실적이고 심도 깊은 문제를 발견할 수 있다. 제이콥 닐슨^{Jacob Nielsen}은 사용성^{Usability} 연구 전문가로, 1990년대에 웹사이트 사용성 분야를 개척한 사람이다. 수천 건의 고객 인터뷰를 보던 닐슨은 어느 시점에 이런 의문이

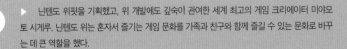

들었다. 인터뷰를 몇 번 해야 가장 중요한 패턴을 발견할 수 있을까? 닐슨은 제품 연구 83건을 분석해보았다. 인터뷰를 10회 했을 때와 20회 했을 때 등으로 나누어 도표를 그려보니 놀랍게도 일관된 결과가 나왔다. 단 다섯 명만 인터뷰해도 문제의 85%가 발견되었다. 열다섯 명을 인터뷰하면 문제가 거의 다 나왔다. 인터뷰 대상자 수가 많으면 많을수록 좋겠지만, 실제 필요로 하는 답은 다섯 명만 인터뷰해도 어느 정도 얻어졌다. 누구든 다섯 명만 만나면 혼자 머릿속으로 생각하는 것보다 훨씬 정교한 답을 얻을 수 있다는 이야기다. 그러므로 남이 찾아놓은 답에만 의존하지 말고 사람들의 의견을 직접 들으며 답을 찾아보려 하는 것이 중요하다. 이를 위해 다양한 사람과 교류해야 한다.

콘솔게임이든 온라인게임이든 게임은 혼자 하는 것, 그것도 10~20대들이 방에 혼자 틀어박힌 채로 게임기나 컴퓨터 앞에서 손가락만 움직여 하는 것이라는 게 보편적인 생각이었다. 온라인게임으로 서로 연대도 하고 친구 맺기도 하지만, 가족과 함께 게임을 할 수 있을 것이라고는 누구도 상상하지 않았다. 이러한 관습적인 생각을 깬 것이 바로 닌텐도 위Wii

다. 위는 게임기를 거실로 끌어내 가족이나 친구와 함께 어울리며 게임을
즐기는 새로운 문화를 제시했다. 또한 온몸으로 즐기는 게임을 통해 게임
을 건강과 운동이라는 키워드와 연결지으며 소비자가 구체화하지 못한
니즈를 정확히 짚어냈다. 덕분에 '위'는 세계적인 히트상품이 되었고, 소
위 말하듯 대박을 쳤다.

사람의 마음을 얻어야 한다는 점에서는 마케팅이나 정치나 비슷하다. 18세기에 있었던 흥미로운 사례를 살펴보자. 독일의 전신인 프로이센 왕국을 유럽의 강국으로 키운 프리드리히 2세는 1774년 대흉작으로 기근이 오자, 전국에 구황작물인 감자를 재배하라는 명령을 내렸다. 곡물이 밀 위주에서 밀과 감자로 양분되면 밀(빵) 가격 폭등을 막을 수 있었기 때문이다. 하지만 18세기의 프로이센 국민들은 감자가 한센병을 일으킨다고 오해하고 악마의 식물로 여겼다. 아무리 국왕이라도 감자 소비를 강제로 확산시킬 수는 없었다. 농민들은 보급된 씨감자를 불태우며 격렬하게 저항했다. 심지어 감자 재배를 거부하다 사형당한 사람이 있을 정도였다. 그래서 프리드리히 2세는 다른 방법을 선택한다. 감자는 이제부터 왕실 채소이며, 왕족만 먹을 수 있다고 선포한 것이다. 자신의 식탁에 매일 감자를 올리고 왕실 전용 농장에 감자를 심어 경비병을 밤낮으로 세워놓았다. 그러고는 일부러 경비를 허술하게 하여 농부들이 감자를 훔쳐가게 두었다. 그랬더니 감자에 대한 인식이 바뀌면서 어느덧 감자를 재배하는 거대한 규모의 지하경제가 형성되었다. 농민들의 인식을 변화시킴으로써 감자가 소비되게 만든 것이다.

모두가 같은 것을 보지 못한다

꽃샘추위가 기승을 부리던 이른 봄날, 뉴욕에서 어느 시각장애인 한 명이 구걸을 하고 있었다. 걸인은 푯말을 하나 들고 있었는데, 거기에는 이렇게 적혀 있었다. "태어날 때부터 장님이었음. 지금 배가 고파서 죽을 지경임!" 거리에는 수많은 사람들이 있었지만 무심히 지나치기만 할 뿐 누구도 걸인에게 돈을 주지는 않았다. 그걸 지켜보던 한 사람이 안타까운 마음에 걸인에게 가서 푯말을 뒤집어 새로운 문구를 써주었다. 그랬더니 놀랍게도 지나가던 사람들이 하나둘 멈춰서 돈을 건네고 애정 어린 격려까지 해주고 가는 것이 아닌가.

걸인의 푯말에 새로 적혀진 문구는 이것이었다. "봄이 오고 있습니다. 그러나 나는 봄을 볼 수 없습니다." 앞선 문구가 이성을 자극하는 강요하는 듯한 메시지였다면, 새로운 문구는 감성을 자극해 동정을 유발해냈다. 걸인에게는 자신의 솔직한 상태가 아니라 사람들의 마음을 자극할 이야기가 필요했던 것이다. 이 사례에는 허구가 가미되어 있지만 우리에게 마케팅과 비즈니스 창의력에 관해 중요한 교훈을 준다. 걸인에게 새로운 문구를 적어준 사람은 분명 비즈니스 창의력이 넘치며 소비자 인사이트를 지닌 마케팅 전문가였음에 틀림없다. 탁월한 생각이 만들어내는 비즈니스 창의력은 결국 선택의 문제다. 선택을 잘하려면 선택의 폭, 즉 경우의 수가 많아야 한다. 풍부한 경험과 안목을 가지고, 겉으로 드러나지 않는 진짜 욕망까지 들여다볼 수 있다면 더 좋은 답을 선택하기에 유리하다.

사람들마다 저마다 다른 선택을 하는 것은 안목이 서로 다르기 때문이다. 2005년 한국에서 열린 아시아태평양경제협력체^{APEC} 정상회의 때 BMW 코리아와 현대자동차가 VIP 의전용 차량을 비롯해 각종 차량을 제공했다. BMW 코리아가 각국 영부인과 고위관료들이 이용하도록 7시리즈 88대를 포함해 총 150대를, 현대자동차가 VIP 의전용으로 에쿠스 리무진 44대를 포함해 각종 승용차와 버스 424대를 제공했다. 행사 기간 동안 각국 정상들이 탄 차량은 매스컴에 자주 노출됐고 홍보 효과는 충분했다. 그러나 행사가 끝난 후 정상들이 탔던 차량의 처분 문제가 남아 있었다. 며칠밖에 안 쓴 차라도 중고는 중고였다. 이때 같은 상황에 놓인 두 자동차 회사는 서로 다른 선택을 했다.

결과적으로 BMW 코리아의 7시리즈 88대는 전부 일반 고객에게 판매되었다. BMW 코리아는 정상회의 전에 미리 선계약을 받았고, 특별한 마케팅 없이도 순식간에 매진되었다. 정상회의 후 차량 처분 문제를 정상회의 전에 모두 해결한 셈이다. 가격은 정상가의 5% 할인가 수준이었다. 그러나 2억이 훌쩍 넘는 차량을 구매하는 사람이 1천만 원 아끼자고 산 것은 아닐 것이다. 이 차가 특별한 가치를 가진 한정품이기 때문에 구매한 것이다. BMW는 APEC용 차량을 만들 때 트렁크 왼쪽에 'APEC Limited'라는 배지를 붙여 희소가치가 있는 한정판으로 만들었고, 차량을 이용한 VIP의 사인을 받아 패널에 붙여 차량 구입자에게 함께 전달했다. 세계 각국의 퍼스트레이디나 외무·통상장관이 이용했다는 점을 강조하여, 평범한 중고차가 될 수도 있었던 것을 순식간에 특별한 기념품으로 변모시킨 것이다.

반면, 현대자동차는 렌트카 회사에 크게 손해 보지 않는 선에서 적당한 가격에 팔았다. 특별한 차를 고객에게 팔 기회를 스스로 놓쳐버린 것이다. 정상회의에 참석한 VIP들에게 의전용 차량을 제공하는 것을 단순히 홍보 기회로만 생각한 발상의 한계 때문이다. 같은 상황에서 한 회사는 평범한 중고차로만 인식했고, 다른 회사는 특별한 기념품으로 인식했다. 선택의 차이는 분명 창의력의 차이고, 그것이 두 기업이 가진 경쟁력의 차이이자 가치의 차이다. 분명 중고차로 렌트카 회사에 넘긴 것이 아주 잘못된 선택은 아니었다. APEC 기간 중 뒤늦게 예약 판매를 하기도 했다. 아마 현대자동차로서는 수지 타산을 따져 택한 최선의 방법이었겠지만, 창의력이 부족한 관성적인 선택이었다. 비즈니스에서는 선택이 곧 승부를 가르는 열쇠가 된다.

특별한 쌀집 아코메야를 만든 사자비리그

아코메야Akomeya는 땅값 비싸기로 유명한 도쿄 긴자 한복판에 있는 쌀집이다. 일본도 우리와 마찬가지로 쌀 소비량이 감소세이고 전반적으로 쌀 산업이 위기에 처해 있다 하는데, 어떻게 명품 매장들이 즐비한 긴자에 쌀집이 자리 잡을 수 있었을까?

밥상에 올라오는 식재료인 쌀에 대해 특별히 생각해본 적 없는 사람들이 많을 것이다. 하지만 쌀은 여전히 우리의 가장 중요한 주식이다. 산지와 품종에 따라 질도 천차만별이고, 맛도 취향에 따라 고를 수 있을 정도로 다양하다. 아코메야에서는 적당한 가격에 비슷한 맛의 쌀이 아니라 일본 전역에서 생산된 최고급 쌀을 골라 판매한다. 그리고 관련 상품들까지 함께 판매하는 편집숍의 형태를 띤다. 판매하는 쌀로 밥을 지어주는 식당이며 쌀밥을 먹을 때 자연스럽게 연결되는 간장, 된장, 소금을 비롯해 각종 절임류 반찬도 파는 식료품점이다. 또한 밥할 때 필요한 조리도구와 상차림에 필요한 그릇과 액세서리, 심지어 식사 후 마실 차를 위한 다기를 비롯해 타월과 욕실용품 등 6천여 종의 상품을 파는 라이프스타일 숍이기도 하다.

가장 매력적인 것 중 하나는 입맛에 맞게 쌀을 고를 수 있다는 점이다. 아코메야에서는 일본 각지의 쌀 중 엄선된 고급 쌀을 다섯 종류, 일곱 종류, 열 종류씩 각기 작은 사이즈로 포장해 샘플러 패키지로 판다. 아울러 현미에서 백미까지를 5단계로 구분해 이 중 자신에게 맞는 도정을 선택할 수 있다. 입맛에 맞는 쌀을 선택할 수 있도록 아주 세밀하게 나누어 제공하는 것이다. 밥 한 끼라도 대충 먹지 않고 이왕이면 최고의 쌀밥을 먹겠다는 이들을 위해서다. 아코메야는 도쿄 사람들만 이용하는 곳이 아니다. 도쿄를 찾아온 전국의 일본인들에게도 흥미로운 방문지이자 쌀 소비권 국가에 있는 아시아 지역 여행객들과 일본 음식에 관심 있는 서양 관광객에게도 필수 관광 코스다. 아코메야에 들르면 도저히 빈 손으로 나올 수가 없다. 밥도 먹고, 진공 포장된 소포장 쌀도 잔뜩 사들고 나오게 된다. 아코메야 덕분에 쌀이 아주 매력적인 선물이 되었다.

이 놀라운 쌀집을 운영하는 사람은 사자비리그^{Sazaby League}의 창업자 스즈키 리쿠조鈴木陸三다. 1943년생인 그는 고등학생 때 요트 타기가 취미였을 정도로 남다른 경험을 통해 취향의 폭을 넓혔다. 20대를 유럽에서 어슬렁거리며 보냈다고 하는데, 유럽과 일본의 격차를 느낀 시기이자 유럽의 어떤 브랜드를 일본에 가져가야 성공할지에 대한 안목을 기른 시기였다. 1972년에 사자비리그를 설립한 그는 유럽의 상품들을 일본에 들여오며 본격적으로 비즈니스를 시작한다. 사자비리그가 일본에 들여온 대표적인 브랜드가 미국의 스타벅스와 쉐이크쉑^{Shake Shack} 버거, 덴마크 디자인스토어 플라잉타이거 코펜하겐^{Flying Tiger Copenhagen}, 스페인 신발 브랜드 캠퍼^{Camper}, 미국의 라이프스타일 숍 론허먼^{Ron Herman} 등이다. 그는 한마디로 라이프스타일을 선도하는 안목을 가진 사람이었다.

일본 시장에 진출하려는 글로벌 리테일 브랜드들이 가장 먼저 상담하는 곳이 바로 사자비리그다. 일본 시장을 가장 잘 알면서 탁월한 비즈니스 안목까지 지닌 그들의 가치는 특별하다. 현재 사자비리그가 보유한 브랜드만 40여 개인데 이 중 절반은 수입한 해외 브랜드이고, 절반은 자체 개발한 브랜드다. 사자비리그의 안목이 가장 빛난 사례 중 하나가 바로 스타벅스다. 스즈키 리쿠조는 1995년 스타벅스와 사자비리그의 제휴를 통해 스타벅스 재팬을 설립한다. 스타벅스가 글로벌 브랜드가 되기도 전의 일이었다. 당시 비싼 커피를 누가 사 먹겠냐는 우려가 내부에서도 제기되었는데, 스즈키 리쿠조는 멋진 로고 때문만으로도 사람들이 스타벅스 테이크아웃 컵을 패션처럼 들고 다닐 것이라고 말했다. 확실히 탁월한 안목이었다. 결과적으로 그의 말대로 실현되었기 때문이다. 스타벅스가 본격적으로 글로벌화를 시작한 게 1990년대 중반이었으니, 1995년에 일본이 스타벅스를 들여온 것은 아주 빠른 선택이었다. 참고로 한국에는 1999년에 들어왔다. 그러나 사자비리그는 2014년 스타벅스 본사에 자신들의 스타벅스 재팬 지분을 모두 판다. 지분 매각액은 5억 500만 달러였다. 이때 매각 제안도 사자비리그가 먼저 했다. 스타벅스가 일본에서 더 성장하려면 제휴 체제를 버리고 독자적으로 하는 게 유리하고, 스타벅스를 일본에서 충분히 성공시킨 것으로 사자비리그의 역할도 끝났다는 것이 그들의 매각 제안 이유였다. 쿨하고 멋진 이별이 아닐 수 없다. 이런 탁월한 안목을 지닌 그가 스타벅스 다음으로 눈을 돌린 것이 바로 쌀이었다.

일본 농림수산성의 2015년 식량 자급률 자료에 따르면 1인당 쌀 소비량은 1962년 118kg에서 2015년 54.6kg으로 크게 줄었다. 일본 전체의 쌀 소비량도 1963년 1341만 톤으로 역대 최고치를 달성한 이래 감소하기 시작해 2014년에는 851만 톤으로 줄었다. 하루 한 번 이상 밥을 먹는 사람의 비율은 1992년 71.4%에서 2014년 53.5%로 줄었다. 쌀 소비는 지금까지도 계속 줄어들고 있고, 이러한 추세는 쌀을 주식으로 하는 한국, 중국, 대만 등도 마찬가지다. 하지만 아코메야는 쌀의 위기 시대에 시작되었다. 모두가 위기라고 하는 분야에서 새로운 기회를 찾아내는 것이 탁월한 안목이다. 비즈니스는 산업 전체를 이끌어가는 것이 목적이 아니다. 산업이 위기여도 특정 비즈니스는 기회일 수 있다. 그러니 산업의 위기라는 식의 일반론, 추세 흐름에 너무 주눅들 필요는 없다. 실제로 일본에서는 아코메야의 성공 이후 여러 기업들이 쌀 시장에 진출했다. 생활용품 제조업체 아이리스 오야마Iris Ohyama를 비롯한 식품업체와 대형마트들도 뛰어들었고, 기존 쌀 관련업체인 마이후도米風土, 기타가마쿠라정미소 등에서도 최고급 쌀을 팔기 시작했다. 초소량, 초고가, 최고급 쌀은 새로운 시장이었다. 아코메야가 쌀 시장의 새로운 흐름을 만들어낸 셈이다.

탁월한 안목은 종종 사업의 성공뿐 아니라 산업의 방향을 선도하기도 한다. 이것이 우리가 더더욱 네 가지 안목을 중요시하는 이유이기도 하다. 스즈키 리쿠조 같은 안목 좋은 리더가 있는 사자비리그에 안목 좋은 사람들이 모여드는 것은 당연하다. 안목은 배우는 것이 아니다. 경험이 중요하다. 풍부한 경험 속에서 꾸준히 취향을 쌓아온 사람에게 주어지는 것이 바로 탁월한 안목이다. 라이프스타일 거점으로 진화 중인 츠타야 서점, 라이프스타일 숍에서 레스토랑, 슈퍼마켓, 호텔까지 전방위적으로 비즈니스를 확장 중인 무인양품 등을 통해 좋은 안목의 탁월함은 계속 입증되고 있다. 서점도 누군가에게는 위기와 사양산업이었고, 리테일 매장도 흔하고 가능성 없는 업종이었을 것이다. 그러나 탁월한 안목을 지닌 이들에게는 위기마저 기회가 된다.

탁월한 비즈니스를 위해
기억해야 할 단 한 가지

탁월한 비즈니스를 위해 지켜야 할 가장 중요한 한 가지는 고객이 원하는 것을 만드는 것이다. 비즈니스에서는 변하는 것과 변하지 않는 것이 있다. 그중 고객을 만족시켜야 한다는 것은 변하지 않는 것에 속한다. 고객을 만족시키는 방법은 변하는 것에 속하며, 실제로 계속 새롭게 변하고 있다. 기술도 변하고, 마케팅도 변하고, 소비자도 변한다. 하지만 고객을 만족시키지 못하는 비즈니스는 지속 가능할 수 없다는 사실은 불변이다. 물론 '좋은' 물건을 만들면 팔리게 되어 있다. 여기서 좋은 물건은 기술력도, 브랜드도, 가격도 아니다. 바로 소비자가 원하는 물건이다. 소비자의 불만이자 불편, 욕구를 해결하는 물건과 서비스라면 훨씬 유리하게 비즈니스를 풀어갈 수 있다.

기업이 비즈니스를 할 때 자금에 여유가 있으면 누릴 수 있는 세 가지 무기가 있다. 바로 M&A, R&D, 광고·홍보다. 이 세 가지면 내부에 없거나 부족한 것을 사들여 경쟁력을 단숨에 끌어올리거나, 연구개발비를 투자해 더 나은 답을 찾아내거나, 광고와 홍보에 돈을 써서 지금 제품과 서비스를 더 매력적으로 보이게 만들 수 있다. 그렇다면 돈의 여유가 없을 때는 어떻게 해야 하는가? 결국 고객이 원하는 것을 얼마나 잘 채워주느냐에 달렸다. 이것이 비즈니스의 본질이기도 하다. 이를 발견해내는 것이 바로 비즈니스 인사이트다. "고객은 드릴이 아니라 구멍을 원한다." 하버드 대학교 경영대학원 명예교수 시어도어 레빗Theodore H. Levitt의 마케팅 명언이다. 상품 자체에 집착하기보다는 고객의 필요를 먼저 생각하고 창의력을 발휘하라는 것이다.

2016년에 다이슨Dyson이 출시한 헤어드라이어 '슈퍼소닉'은 거창한 이름에 걸맞게 연구개발에만 엔지니어 수백 명이 투입되었다. 인종, 연령, 성별에 따라 다른 모발 상태를 반영하기 위해 5천만 파운드(900억 원)를 들여 모발과학연구소를 만들었고, 약 1625km에 달하는 인모를 사용해 제품을 시험했다. 4년간 시험 모델만 600개나 만들었다. 헤어드라이어가 뭐라고 이렇게까지 연구개발을 했던 것일까? 이 정도의 인력과 기간, 예산은 자동차 회사의 신차 연구 프로젝트에 비교될 정도다. 이 헤어드라이어의 국내 판매가는 무려 55만 원이다. 시중 헤어드라이어 평균 가격이 3~5만 원 정도인 것을 감안하면 말도 안 되게 비싼 가격이다. 이 제품의 유일한 단점은 가격이란 말도 있듯이, 높은 가격만큼 품질 면에서는 만족도가 탁월하다. 다이슨은 최고의 품질을 원하는 소비자가 만족할 만한 제품을 만든다. 다이슨 청소기부터 헤어드라이어, 선풍기 등 주요 제품을 써보면, 기본에 충실하고 품질이 뛰어남을 알 수 있다. 우리가 청소기에 기대하는 것은 먼지와 쓰레기를 잘 빨아들여 바닥을 깨끗하게 해주는 것이다. 헤어드라이어는 적은 소음으로 머리카락 손상을 최소화하며 빨리 말려주면 되고, 선풍기는 조용하고 시원한 바람이 나오면 된다. 단지 그뿐이다. 탁월한 운동선수는 실력으로 말한다. 말을 잘하는 것도 옷을 잘 입는 것도 소용없다. 오로지 경기장에서 탁월한 실력으로 자신의 가치를 말한다. 다이슨이 바로 그런 존재다.

마케팅이 필요 없다는 제임스 다이슨

"저는 마케팅이 필요 없다고 생각하는 사람입니다. 마케팅은 포장 또는 술책에 지나지 않다고 봐요. 브랜딩이란 말도 사실 좋아하지 않아요." 다이슨의 창업자 제임스 다이슨이 2015년 8월 《조선비즈》와의 인터뷰에서 한 말이다. 좋은 진공청소기의 대명사이자 매력적인 브랜드로 각인된 다이슨에서 저런 이야기를 하다니! 아마 마케팅 전문가나 브랜딩 전문가라면 제임스 다이슨의 발언에 반박하고 싶을지도 모르겠다. 이제껏 좋은 제품을 만들었어도 마케팅을 잘 못해서, 브랜드가 약해서 못 팔았다고 하는 기업들을 너무나 많이 봐왔다. 그런데 그는 왜 마케팅과 브랜딩이 필요 없다고 하는 것일까?

그만큼 다이슨 제품의 품질에 자신 있다는 말이다. 마케팅의 도움을 받지 않고도 시장에서 충분히 성공할 수 있다는 자신감이다. 사람들이 진공청소기를 사는 목적은 먼지를 잘 빨아들여 청소를 쉽고 빠르게 하는 데 있다. 그 이상도 이하도 아니다. 그것만 확실히 해주면 소비자 입장에서는 어떤 브랜드의 제품이어도 상관없다. 이런 상황에서 다이슨은 비슷비슷한 제품들 사이에서 확실한 품질 우위를 점하고 있다는 자부심을 보인 것이다.

엔지니어이자 발명가이기도 한 제임스 다이슨은 좋은 제품을 만드는 것보다 마케팅이 쉽다고 여기는 기업들이 마케팅에 많은 돈을 투자한다고 발언하는 등 마케팅 무용론자처럼 보이기도 한다. 광고업계에 대해서도 전혀 창의적이지도 않고, 쓸모없는 일을 하면서 큰돈을 받는다는 아주 부정적인 인식을 가지고 있다. 물건은 전혀 만들지 않으면서 돈만 굴려 막대한 이익을 거두는 금융자본에는 아주 강한 적개심을 드러내기까지 한다. 한마디로 그는 좋은 제품을 만드는 것이 모든 것의 기본이자 핵심이라 생각한다.

"제대로 작동하지 않는 물건에 불만을 갖는 것은 누구나 마찬가지겠죠. 디자인 엔지니어로서 우리는 이런 문제를 해결해야 했어요. 제품 개발과 개선에 집중했습니다." 다이슨 홈페이지에 걸린 제임스 다이슨의 메시지다. 이는 곧 기업 다이슨의 경영 방향이자, 창업자 제임스 다이슨이 비즈니스를 대하는 철학이다. 세계적인 혁신 기업이자 디자인 경영의 탁월한 사례로도 꼽히지만 정작 그들은 제품 자체에 가장 집중한다.

다이슨은 제품을 설계할 때 부품 수급을 고려하지 않고 가장 이상적인 제품을 만든다. 그러다 보니 세상에 없는 부품을 직접 만들어야 하는 경우도 많다. 기존 부품을 외부에서 공급받아 가격을 낮추지 않고, 직접 만들어 가장 좋은 제품을 만들겠다는 의지의 표명이기도 하다. 부품 속의 부품까지도 직접 만들 정도다. 제품에 들어가는 모터나 충전용 배터리도 납품을 받지 않고 직접 만든다. 가전 회사이면서 모터 회사이자 배터리 회사인 셈이다. 이를 위해 연구개발에 많은 투자를 한다. 2015년에는 영업이익의 절반에 가까운 2억 600만 파운드를 연구개발에 투입했다. 다이슨의 연구개발 투자 비중은 그 어떤 기업과 비교해도 높은 수준이다. 이러니 원가도 비싸고 제품 가격도 더 비쌀 수밖에 없다. 하지만 잘 팔린다. 다이슨의 2015년 매출은 17억 4천만 파운드(약 2조 5천억 원)이고 EBITDA(법인세·이자·감가상각비 차감 전 영업이익)는 4억 4800만 파운드다. 매출 대비 EBITDA 비율은 매년 25% 선을 유지하고 있다. 생활가전 업계가 평균 6~7%, 높아도 10% 정도임을 감안하면 다이슨의 영업이익률이 얼마나 높은지 알 수 있다. 창업자 제임스 다이슨은 CEO를 오래 맡았으나 지금은 전문경영인에게 그 자리를 물려주고 수석 엔지니어로 일하고 있다. 다이슨의 직원 7천 명 중 연구개발 파트의 엔지니어만 2천 명 이상이다. 2021년까지 엔지니어 3천 명을 추가할 계획이라 하니, 그때쯤엔 연구개발 파트 엔지니어만 5천 명이 넘는 회사가 될 것이다. 이것이 다이슨의 경쟁력이자, 자신 있게 마케팅 무용론을 외칠 수 있는 배경이다.

다이슨의 엔지니어는 모두 과학과 기술을 전공했다. 디자인 전공자가 없다. 제임스 다이슨 본인도 디자인 엔지니어라고 하는데, 제품 개발과 디자인 파트를 구분하지 않고 통합했다. 디자인에서도 탁월한 평가를 받는 다이슨이지만, 제품이 어떻게 보일지 구상하고 개발하는 것이 아니라 소비자가 일상에서 겪는 불편과 개선 사항을 해결하는 것이 우선이다. 다이슨 RDD(연구·디자인·개발) 센터에 내걸린 슬로건은 이것이다. "디자인이 진정 아름다운 순간은 오직 완벽하게 작동될 때다." 진공청소기, 선풍기, 헤어드라이어 등은 얼핏 신기술이 필요 없는 제품처럼 보이지만, 여기에 엄청난 연구개발 예산과 인력을 투입한다는 것은 그만큼 제품에 완벽을 추구한다는 의미다. 최초의 진공청소기가 나온 후 먼지봉투를 없애는 데만 85년이 걸렸다. 최초의 전기 선풍기가 나온 후 날개를 없애는 데도 127년이 걸렸다. 그 모든 혁신을 다이슨이 해냈다. 가정용 헤어드라이어도 96년 만에 다이슨이 혁신적으로 바꿨다. 심지어 RDD 센터는 기계, 전기, 소프트웨어, 음향공학, 화학, 유체는 물론이고 미생물학까지 연구한다. 항공기 엔진을 만들던 공학자나 F1 자동차를 만들던 엔지니어도 다이슨에 와 있다.

다이슨의 직원 평균 연령은 2015년 기준 26세다. 29세인 텐센트^{Tencent}보다 낮고 페이스북과는 같다. IT 스타트업도 아니고 소프트웨어 기업도 아닌데 왜 이렇게 젊은 직원들이 많을까? 석박사 소지자보다 갓 졸업한 대졸자를 대거 채용하기 때문이다. 전공지식의 기본을 갖춘 채로 다이슨에서 일하면서 현장의 경험지식을 쌓는 것을 이론지식보다 더욱 중요시하는 것이다. 제조업에서 가장 중요한 것이 바로 경험지식이 쌓이면서 생기는 축적의 역량인데, 다이슨은 그 점을 중점적으로 본 것이다. 물론 대학과의 산학 협력이나, 사내 교육기관을 강화해 이론지식도 보완한다. 다이슨의 경영 방향을 보면 제조업의 본질을 깊이 이해하고 있음을 알 수 있다.

다이슨은 독특한 회사다. 세계 최고의 진공청소기 브랜드이며, 기업가치도 60~70억 달러를 상회하는 글로벌 기업이지만 지분의 100%가 제임스 다이슨 일가에 있다. 창업자의 경영 방향이 흔들림 없이 고수될 수 있는 이유이기도 하다. 다이슨 창업 후 진공청소기의 대명사로 떠오르며 세계 1위 업체가 되고, 가정용 가전 분야에서 혁신의 아이콘으로 각인되었지만 여전히 다이슨은 연구개발을 멈추지 않는다.

●

발뮤다의 안목, 탁월한 비즈니스가 되다

다이슨의 날개 없는 선풍기에 대적할 만한 유일한 선풍기는 발뮤다BALMUDA의 그린팬이 아닐까? 전기 선풍기가 발명된 지 127년 만인 2009년에 날개를 없앤 것이 다이슨이라면, 2010년 발뮤다는 오히려 날개를 더 추가했다. 날개가 열네 개인 이중 팬 구조로 바람이 닿는 면적을 넓히고 소음이 최소화된 특수 모터를 달았다. 당시 선풍기 제조업은 사양산업이었다. 사무실뿐만 아니라 일반 가정에도 에어컨이 많이 확산되었고, 이미 많은 업체에서 값싸고 조악한 선풍기를 대량으로 만들어내고 있었다. 게다가 고가 선풍기 시장에서는 다이슨이라는 탁월한 브랜드가 날개를 없애버린 혁신 제품으로 주도권을 잡은 상태였다. 발뮤다 선풍기의 출시가는 3만 7천 엔으로 분명 비싼 제품이었다. 발뮤다는 왜 이런 비싼 선풍기를 만들었을까?

발뮤다의 창업자이자 CEO 테라오 겐 Gen Terao, 寺尾玄이 여러 인터뷰에서 한결같이 하는 흥미로운 이야기가 있다. 시장이 아닌 소비자를 보고 제품을 개발한다는 것이다. 그는 시장에서 무엇이 잘 팔릴까가 아니라 사람들에게 무엇이 필요할까를 고민한다. 이는 경쟁자와 시장을 다투는 마켓쉐어가 아닌 소비자의 욕망이자 일상을 분석해 문제를 해결하는 라이프쉐어의 본질이자 제조 비즈니스의 기본이기도 하다.

좋은 물건과 싼 물건은 설계 자체가 다르다. 테라오 겐은 자연적인 바람처럼 기분 좋은 바람을 일으키는 선풍기를 만들어내고 싶었다. 이를 위해 이중 팬으로 부드러운 바람을 만들고 회전 범위를 조절해 실내 곳곳에 바람을 퍼뜨리는 방식을 택했다. 그린팬을 만들 당시 발뮤다는 2008년 세계 금융 위기로 파산 직전이었고, 2009년 매출 4500만 엔에 순손실만 1400만 엔, 빚이 3천만 엔인 상태까지 내몰렸다. 이왕 마지막이라면 자기가 만들고 싶었던 제품을 개발해보자는 것이 그린팬의 시작이었다. 2010년 그린팬은 놀라운 기적을 만들어냈다. 파산 직전이었던 회사에 매출이 급증하기 시작한 것이다. 일본 닛케이BP에 따르면 2014 회계 연도 매출은 26억 6천만 엔으로 4년 만에 열 배 급증했다. 2009년을 기준으로 하면 5년 사이 60배나 급증한 셈이다. 이후 공기청정기 '에어엔진', 가습기 '레인', 토스터기 '더 토스터' 등 만드는 제품마다 주목받으며 히트상품이 된다. 특히 토스터기는 죽은 빵도 살린다고 입소문이 날 정도로 대성공을 거뒀다. 2016년부터는 주방가전에 집중하며 무선 주전자와 전기밥솥을 연이어 출시했다.

2003년 설립된 발뮤다는 CEO 테라오 겐이 지분을 100% 가진 회사다. 2017~2018년 기업공개를 계획하고 있는데, 이 시점에 100억 엔대 매출을 올리는 것이 목표다. 발뮤다의 경영 이념 '최소로 최대를'은 최소한의 부품으로 제품을 만들고, 최소한의 디자인으로 아름다움을 추구한다는 의미다. 제품의 기능과 성능을 내세우는 대신 선풍기는 '시원함', 토스터기는 '맛'이라는 가장 본질적인 목적을 강조한다. 이는 아마존 CEO 제프 베조스의 "경쟁자만 바라본다면 경쟁자가 무언가 새로운 것을 할 때까지 기다려야 한다. 고객에 집중하면 선구자가 될 것이다"라는 말과 일맥상통한다. 테라오 겐과 제프 베조스는 시장의 경쟁자와 싸우기보다 소비자의 필요와 욕망에 파고들었다.

발뮤다의 제품들은 기능적 탁월함을 떠나 디자인도 아주 매력적이다. 레드닷 디자인 어워드, iF 디자인 어워드 같은 세계적인 디자인 상을 받기도 했는데, 제품 디자인뿐 아니라 패키지, 제품 설명서, 회사 웹사이트 등 디자인 요소 모두를 발뮤다가 작업한다. 다이슨과 발뮤다, 제임스 다이슨과 테라오 겐, 이 둘은 다른 듯 비슷하다. 좋은 제품을 만드는 것이 비즈니스의 기본이자 전부임을 그들은 안다. 이들말고 커피 사업과 소프트웨어업계에도 비즈니스의 본질을 꿰뚫고 있으며 우리에게 가야 할 방향을 알려주는 사례들이 있다.

카페의 주인공은 맛있는 커피를
마시러 온 손님이다

블루보틀Blue Bottle은 스타벅스의 아성에 도전할 유일한 커피 회사로 꼽힌다. 스타벅스 매장이 전 세계 2만 3천여 개이고, 블루보틀 매장은 30여 개에 불과해 말도 안 되는 주장같다. 하지만 현재 블루보틀만큼 뜨거운 커피 브랜드도 없다. 2017년에는 네슬레Nestlé S.A.에 약 4억 2500만 달러(약 4800억 원)에 인수되었는데, 그 전에도 이미 많은 투자를 받아 2008년부터 2015년까지의 투자금이 1억 2천만 달러나 되었다. 트루벤처스, 모건 스탠리, 피델리티, 구글벤처스 등 세계적인 투자 은행이나 벤처 투자 회사를 비롯, 트위터 공동 창업자 에번 윌리엄스Evan Williams, 인스타그램의 창업자 케빈 시스트롬Kevin Systrom 등 IT업계 거물들도 포함되어 있다. 실리콘밸리의 투자 자금은 IT 스타트업에게 몰리게 마련인데 그들이 왜 커피에 이토록 지대한 관심을 둔 것일까? 투자자들이 가장 주목한 부분은 품질을 최우선시하는 창업자의 고집스러운 완벽주의였다고 한다. 투자금은 품질 향상에 최우선으로 사용한다. 각 매장의 품질 관리자들이 CEO인 제임스 프리먼James Freeman에게 직접 보고해야 할 정도로 엄격하게 품질을 관리한다. 심지어 프리먼은 전 세계 커피 농부들과도 직접 연락하며, 최고의 커피가 있는 곳이면 어디든 찾아간다.

블루보틀을 만든 제임스 프리먼은 원래 교향악단 클라리넷 연주자였다. 연간 10만 km씩 순회공연을 다니던 그는 어느덧 공연도 지겹고 음악도 재미가 없어졌다. 평소 커피 애호가로 커피 원두와 추출 도구를 사 모아 순회공연 때도 갖고 다니면서 커피를 내려 마셨던 그가 교향악단을 그만두고 뛰어든 분야가 커피 사업인 것은 어쩌면 당연했다. 그는 자기가 좋아하는, 자기가 가장 잘 아는 분야에서 새로운 인생을 시작했다. 집 근처 창고를 빌려 로스팅 기계를 사들여놓고, 로스팅 온도와 시간, 추출 방법 등 자신만의 기술 개발에 매진했다. 커피 추출기도 직접 만들었다. 처음에는 매장도 없이 손수레에 자신의 커피 추출기를 싣고 근처 파머스마켓에 가서 커피를 팔았다. 커피를 주문받으면 그때부터 원두를 갈고 추출기를 이용해 한 번에 한 잔씩 천천히 커피를 내렸다. 당연히 오래 걸렸다. 주문 후 금방 커피를 받는 것에 익숙했던 소비자들은 그의 방식에 불만을 품기도 했지만, 한번 마셔본 이들은 다시 그 커피를 찾게 되었다. 덕분에 그의 커피 수레 앞에 긴 줄이 늘어서기 시작했다. 2005년, 그는 드디어 샌프란시스코 헤이즈밸리의 친구 집 차고에 첫 매장을 연다. 이렇게 블루보틀이 시작된 것이다.

프리먼은 《월스트리트저널》과의 인터뷰에서 성공 비결을 묻는 질문에 "너무 단순한 대답이겠지만, 누구나 맛있는 커피를 좋아한다"라고 답했다. 탁월한 품질 앞에선 어떤 마케팅도 필요 없다. 소비자들이 자발적으로 입소문을 내주기 때문이다. 블루보틀은 최상위급 원두인 스페셜티 커피만 쓴다. 거기에 더해 고객 환대에도 집중한다. 고객의 질문에 친절하

블루보틀의 창업자 제임스 프리먼이 커피 테이스팅을 하고 있다. 커피 애호가에서 커피 사업가로 변신한 그는 카페의 본질은 맛있는 커피와 최고의 환대라고 말한다.

고 쉽게 설명할 수 있도록 직원들을 반복적으로 교육시킨다. 커피뿐만 아니라 커피를 마시러 온 손님도 주인공임을 인식한 것이다. 최고의 커피를 마신다 해도, 그 과정에서 응대가 불만족스럽다면 커피 맛도 반감되게 마련이다. 이는 커피와 카페의 단순하지만 강력한 본질이다.

영업사원 없이도 물건을 팔 수 있다면 그보다 더 좋을 수는 없을 것이다. 2015년 기준 3억 2천만 달러(약 3700억 원)의 매출을 거둔 호주의 소프트웨어 기업 아틀라시안^{Atlassian}에는 영업사원이 한 명도 없다. 소위 기술 영업이라고 하는 기업용 영업 인력이 소프트웨어업계에서는 아주 중요한데, 이들은 처음부터 영업 인력 없이 성공했다. 아틀라시안은 호주의 뉴사우스웨일스 대학교 재학생이던 마이크 캐넌브룩스^{Mike Cannon-Brookes}와 스콧 파쿼하르^{Scott Farquhar}가 2002년에 창업한 회사로, 지라^{Jira}, 힙챗^{HipChat} 등 프로젝트 관리나 사내 커뮤니케이션에 쓰이는 소프트웨어를 만들었다. 좋은 제품을 만들면 입소문이 날 것이라는 생각은 영업 개념이 없는 공대생의 순진한 발상이었는지도 모른다. 하지만 그게 비즈니스의 본질이다. 탁월한 제품을 이길 수 있는 것은 아무것도 없다.

어떻게 보면 영업이나 마케팅은 탁월하지 않은 제품에 더 절실히 필요한 것이다. 아틀라시안은 영업 비용을 절감한 만큼 기술 개발에 더 많은 투자를 할 수 있었고, 그것이 경쟁력이 되었다. 모든 소프트웨어는 홈페이지를 통해 판매하는데, 제품 정보나 홍보도 홈페이지에서 하고, 기업들은 무료 체험판을 써볼 수 있다. 품질에 대한 만족도가 높으니 바로 입소문이 나기 시작했다. 《포춘》이 선정한 100대 기업 중 80개 이상이 아틀라시안의 고객이며, 전 세계 고객사만 6만여 개에 이른다. 아틀라시안은 창업 후 한 번도 투자를 받지 않았고, 두 창업자가 1만 달러로 시작해 지금껏 외부 도움 없이 이어왔다. 덕분에 자신들의 소신에 집중하며 사업을 전개할 수 있었다. 2015년에는 성공적으로 기업공개를 했고, 2017년 3월 10일 기준 아틀라시안의 시가총액은 63억 5800만 달러(약 7조 3500억 원)였다. 현재 전 세계 6개국에 1700여 명의 직원이 있다. 수많은 소프트웨어 기업들에게 아틀라시안의 경영 방향은 중요한 기준이 될 것이다.

●

잡지업계의 불황에도
《모노클》이 잘나가는 이유

종이 잡지의 위기라는 이야기가 한창이던 2007년 월간지 《모노클MONOCLE》이 창간됐다. 2008년 세계 금융 위기 때는 기존 잡지들도 광고를 유치하지 못해 폐간되거나 위축되었다. 그럼에도 불구하고 《모노클》의 구독자 수는 2008년 전년 대비 20% 증가했고, 2009년에는 22%, 2010년에는 35%나 늘었다. 창간 4년 만인 2011년에 손익분기점을 넘어섰고, 발행 부수도 15만 부를 달성했다. 이후에도 계속 성장세를 이어가 잡지의 위기라는 말을 무색케 했다. 아홉 명으로 시작한 직원 수는 10년이 지난 지금 120명으로 늘어났다. 매거진 《B》와의 인터뷰에 따르면, 2017년 기준으로 잡지 정기 구독자 수가 16만 3천 명, 매 이슈별 평균 8만 1500부가 전 세계 가판대와 서점에서 팔린다. 영국에서 창간되어 전체 구독자 중 절반이 유럽인이지만, 아시아에도 꽤 많은 독자들이 있고 한국에도 열혈 독자들이 많다. 《모노클》은 잡지 외에도 방송국, 브랜드 리테일 숍, 카페 등을 운영하며 24시간 라디오, 팟캐스트, 주간 신문, 단행본 등을 발행한다. 흥미롭게도 쇠퇴가 예견됐던 올드 미디어인 잡지, 종이 신문, 출판, 라디오를 모두 운영하고 있고, 심지어 성과까지 내고 있다. 대규모의 글로벌 미디어는 아니지만, 현 시점에 전 세계 잡지 중 가장 뜨거운 사랑을 받으며 브랜드 충성도가 높은 매체라 해도 과언이 아니다. 《모노클》은 골수 팬을 기반으로 하는 콘텐츠 비즈니스가 미래 미디어 산업의 아주 중요한 전략임을 보여주고 있다. 광고를 통한 수익이 아니라 콘텐츠 자체의 유료화에 집중하는 것이 잡지의 생존 모델이고, 결국 대체 불가능한 콘텐츠를 확보해 특정 타깃 독자들에게 집중하는 것이 중요하다. 그렇게 본다면 잡지, 신문, 라디오, 출판 등도 올드 미디어라는 이유만으로 무작정 위기라고 생각하지 않아도 된다.

특이하게도 《모노클》은 정기 구독을 하면 한 권씩 살 때보다 더 비싸다. 기존의 상식으로는 그 반대여야 한다. 하지만 《모노클》은 정기 구독자들에게 잡지 외에 특별판을 제공하고 선물이나 비즈니스 클럽, 이벤트의 초대 기회를 준다. 정기 구독을 해야만 《모노클》 홈페이지의 온라인 콘텐츠도 모두 볼 수 있다. 잡지 이상의 것을 누리는 사람들이 바로 정기 구독자인 셈인데, 《모노클》에 대한 일종의 소속감까지 갖게 만든다. 새로운 독자를 유치하기보다 기존 독자를 유지하는 데 더 집중한다. 기존 독자의 만족도를 높이고 언제든 다시 꺼내서 읽어볼 수 있는 소장 가치가 있는 잡지를 만드는 것을 중요하게 여긴다. 잡지의 형태지만 시리즈 성격의 책에 가깝다.

대개 잡지는 패션, 자동차, 디자인, 경제 등 카테고리를 중심으로 나뉜다. 이름만 봐도 어떤 내용을 다루는 잡지인지 알 정도다. 하지만 《모노클》은 카테고리가 아닌 타깃 독자 중심의 잡지로, 자신들이 설정한 타깃 독자들이 좋아할 만한 콘텐츠를 다룬다. 디자인, 트렌드, 비즈니스, 문화, 여행, 패션 등을 주로 다루는데, 가령 모든 패션이 아니라 타깃 독자들의 관심사가 될 패션 이야기를 다루는 식이다. 잡지의 이름인 'Monocle'이라는 단어는 19세기 상류층의 상징이자 멋쟁이의 상징인, 동그란 알만 하나 있는 단안경을 뜻한다. 가는 실크 끈이 달려 있어 목걸이처럼 걸고 다니다가 필요할 때 눈 언저리에 대고 살짝 끼고 본다. 세상을 보는 도구이면서 계층과 취향을 분명하게 드러내는 안경이 잡지 《모노클》이 지향하는 가치인 셈이다.

《모노클》이 '모노클 미디어 키트 2014'에서 밝힌 그들의 타깃 독자는 도시에 거주하는 MBA 졸업 이상의 학력 수준을 가진, 금융, 정부, 디자인과 관광 산업의 CEO나 기업가들이다. 그들의 연간 수입은 평균 20만 7천 파운드(3억 원 이상)이며, 연간 10회 이상 비즈니스 출장을 가고 다섯 번쯤 휴가를 떠나며, 지식과 디자인에 민감하고 예술, 자동차, 시계, 패션, 인테리어 등에 투자하는 소비자다. 트렌드를 주도하거나 앞서가는 사람들이 주요 독자인 셈이다. 대부분 잡지들의 주 고객층인 2030들만 보는 가볍고 트렌디한 잡지와는 거리가 멀다. 오히려 20대 자녀들을 둔 성공한 4050들이 더 중요한 독자층이다. 소비력과 영향력이 높은 독자들, 다양한 콘텐츠를 통한 비즈니스를 전개하는 독자들이 대부분이기 때문에, 독자 1인당 매출이 아마 전 세계 어떤 매체보다 월등할 것이다. 한편 《모노클》은 각 나라별로 진출할 때도 언어 변환을 하지 않는다. 《모노클》은 인종, 국적, 나이, 직업에 상관없이 영어로 교육받고 자유롭게 영어를 구사하며 전 세계를 상대로 비즈니스 하는 사람들을 타깃으로 하는 글로벌 잡지이기 때문이다. 오로지 영어로만 된 잡지를 전 세계에 파는 것이다.

"당신이 읽는 것이 곧 당신이다." 《모노클》의 대표이자 편집장인 타일러 브륄레^{Tyler Brûlé}의 말이다. 책이나 잡지를 스마트폰이나 전자책 단말기로 볼 땐 내가 무엇을 보는지 주변 사람들이 알기 어렵다. 그저 스마트폰을 사용하고 있는 사람으로 보일 뿐이다. 하지만 매력적인 책이나 잡지를 들고 있다면 취향과 개성이 좀 더 분명히 드러난다. 종이로 읽을 때 노출되는 브랜드가 결국 읽는 사람의 정체성을 보여주는 역할을 한다. 그리

▶ 《모노클》에서 2018년 3월 특집으로 한국판을 발행했다. 문재인 대통령 인터뷰부터 한국의 스타트업 기업들, 디자인, 에티켓, 예술, 식문화 등 현재진행형인 한국의 모습을 담았다.

24 Radio   Film   Magazine   Shop   More   Listen Live: The Stack 301 | Up next: The Continental Shift

Latest issue   **Archive**   The Forecast   The Escapist

Filter by: All categories

MONOCLE
THE SPRING WEEKLY

ON SALE NOW

issue 110   *volume 12*   issue 112 >

111 March 2018

South Korea special. Exclusive: President Moon on Donald, Kim Jong-un and watching TV with his cat.

SOUTH KOREA SPECIAL

MONOCLE
INSIDE: **EXCLUSIVE! PRESIDENT MOON ON DONALD, KIM JONG-UN AND WATCHING TV WITH HIS CAT**

FAST-TRACK NATION

Beyond the headlines, South Korea is the new powerhouse for fashion, design and soft-power blurring.

한국

Already a subscriber?

| Subscribe | Sign in |

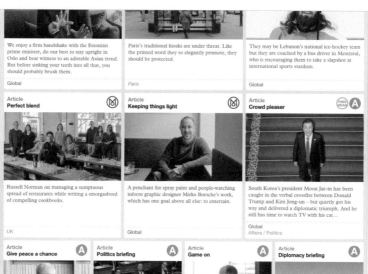

We enjoy a firm handshake with the Estonian prime minister, do our best to stay upright in Oslo and bear witness to an adorable Asian trend. But before sinking your teeth into all that, you should probably brush them.

Global

Article
Perfect blend

Paris's traditional kiosks are under threat. Like the printed word they so elegantly promote, they should be protected.

Paris

Article
Keeping things light

They may be Lebanon's national ice-hockey team but they are coached by a bus driver in Montréal, who is encouraging them to take a slapshot at international sports stardom.

Global

Article
Crowd pleaser

Russell Norman on managing a sumptuous spread of restaurants while writing a smorgasbord of compelling cookbooks.

UK

Article
Give peace a chance

A penchant for spray paint and people-watching inform graphic designer Mirko Borsche's work, which has one goal above all else: to entertain.

Global

Article
Politics briefing

South Korea's president Moon Jae-in has been caught in the verbal crossfire between Donald Trump and Kim Jong-un – but quietly got his way and delivered a diplomatic triumph. And he still has time to watch TV with his cat…

Global
Affairs / Politics

Article
Game on

Article
Diplomacy briefing

고 종이 매체가 좀 더 우아하고 고급스럽고 스타일리시하게 보일 가능성이 크다. 《모노클》이 지향하는 타깃 독자는 향후에도 가장 안정적으로 잡지와 책을 소비할 사람이기도 하다. 이러한 것이 비즈니스 안목이자 잡지 산업의 미래를 꿰뚫어보는 시각이다.

아무리 잡지 산업이 위기라 해도 우리는 여전히 읽을거리를 원한다. 좋은 책, 좋은 잡지, 좋은 콘텐츠는 계속 필요하다. 여기에 돈을 쓸 여력이 있는 사람들도 여전히 많다. 어쩌면 잡지의 위기라는 말은 현 독자들의 콘텐츠 수요에 대한 면밀한 이해와 계획 없이, 과거 방식대로만 일해오던 기업들이 하는 자기위안적 발언일 수도 있다. 엄밀히 말하면 잡지의 위기가 아니라 달라진 환경에 맞게 새로운 콘텐츠 비즈니스를 펼치지 못하는 기업들의 위기다. 어디 잡지뿐이겠는가. 모든 분야를 막론하고 마찬가지다. 우리의 무능 때문에 시대 변화에 뒤처지는 것인데도 세상 탓, 산업 탓만 하는 것은 아닌지 돌아볼 필요가 있다.

캐나다 출신의 타일러 브륄레는 영국에서 기자 생활을 하다가 1996년 글로벌 디자인 잡지 《월페이퍼Wall paper》를 창간했다. 건축과 인테리어, 디자인 콘텐츠를 다루는 잡지로, 창간 당시 타일러 브륄레의 나이는 28세였다. 1997년 타임워너에 《월페이퍼》를 매각한 뒤에는 편집장으로 일했다. 그 후 2007년 《이코노미스트》와 《GQ》를 합친 듯한 콘셉트의 《모노클》을 창간한다. 그는 누구보다도 잡지 비즈니스의 전략을 잘 세우고 잘 실행할 수 있는 사람이었다. 《모노클》의 주요 인력들도 대개 세계적인 신문, 잡지 등 올드 미디어에서 일한 경력이 있는 사람들이다. 뉴 미디어라고 유리하고 올드 미디어라고 불리한 것이 아니다. 누가 더 매력적인 콘텐츠를 만들어서 그 콘텐츠를 구현하기 가장 좋은 방식에 적용시키느냐의 문제일 뿐이다. 아무리 구글링이 활발해지고 공짜로 볼 수 있는 온라인 콘텐츠가 늘어난다 해도 잡지와 책은 비즈니스로서도, 문화로서도 소멸되지 않는다. 특히 구글링으로 얻을 수 없는 콘텐츠를 만들겠다는 것이 《모노클》의 목표인데, 다른 매체와 달리 로이터 같은 통신사의 기사를 전혀 사용하지 않는다. 외부 사진이나 기사도 사용하지 않으며 오리지널 저널리즘을 추구한다. 직접 발로 뛰고 경험한 것을 심도 깊게 다루는 것이다. 스폰서를 받는 출장도 가지 않으며, 모든 출장비는 자체 예산을 사용한다. 광고 유치를 위해 많은 인력을 쓰지 않고 소규모 인력만으로 비즈니스를 해서 줄인 인건비를 취재비에 투자해 더 좋은 콘텐츠를 만들려 한다. 특정 기업을 다룰 때 후원을 받긴 하지만, 후원한다고 아무 기업이나 정부의 기사를 써주지는 않는다. 그들이 정한 기준에 어긋나는 기업이나 국가는 아무리 큰돈을 줘도 하지 않는다. 이러한 것들이 《모노클》의 가치를 높인다.

《모노클》은 처음부터 온라인 콘텐츠 유료화를 시작한 매체다. 양질의 콘텐츠에 대한 자부심을 가지고 시도한 전략이었다. 그리고 잡지 구독자들이 어느 나라에 거주하고 있건 무료로 배송한다. 잡지 가격보다 해외 배송비가 더 비싸더라도 말이다. 그들은 글로벌 시대에 멀리 있다고 배송비를 부과하는 것은 벌금과도 같다면서 손해를 보더라도 무료로 보내겠다는 원칙을 유지하고 있다. 《모노클》을 읽는 독자라면 누구나 동일한 기회를 가져야 한다는 철학 때문이다. 잡지 판매를 사업의 전부로만 생각하지 않는다는 점을 확실히 알 수 있다. 잡지가 하나의 브랜드가 되어 다양한 사업으로 확장될 수 있었던 것은 결국 잡지 콘텐츠의 질이 우수해서다. 2014년 9월, 일본계 출판사 니케이^{Nikkei Inc.}에 지분 일부를 매각할 당시 《모노클》의 기업가치는 약 1억 1500만 달러였다. 지금의 기업가치는 훨씬 더 클 것이다. 중요한 것은 아무리 잡지의 위기 시대라 해도 누군가는 계속 새로운 기회를 만들어가고 있다는 점이다. 《모노클》의 안목, 타일러 브륄레의 탁월한 눈을 탐내게 되는 이유다.

●

그들은 팔지 않고 빌려준다

항공기 제조 비용 중에서 엔진의 원가가 차지하는 비중이 최소 25%다. 대형 항공기 한 대가 수천억 원 정도니 엔진만 수백억 원에서 1천억 원대에 이른다. 엔진 제조 비용이 상승하면 보잉^{Boeing}과 에어버스^{Airbus} 같은 항공기 제조업체에 큰 부담으로 작용한다. 이 점을 파악한 롤스로이스^{Rolls-Royce Ltd.}는 비즈니스 모델을 기존의 '판매' 방식에서 '리스' 또는 '서비스' 방식으로 전환했다. 항공기 제조사가 큰돈을 들여 엔진을 구매하는 대신 항공기 운항 시 엔진 가동 시간에 따른 사용료만 내면 되었다. 이를 위해 엔진에 다양한 센서를 부착해 온도·공기압·속도·진동 등 항공기 운항 관련 정보를 실시간으로 수집하고 분석했다. 이런 정보는 단순히 과금을 체크하는 데만 끝나지 않고, 엔진의 상태를 진단해 사전에 정비하거나 연료 절감을 위한 엔진 제어 등 새로운 비즈니스 모델을 만들며 수익을 창출했다. 그 결과 롤스로이스는 GE와 프랫앤휘트니 P&W를 제치고 민간 항공기 엔진 시장에서 점유율 1위로 올라섰다.

GE도 비행기 엔진을 판매하는 대신 리스를 해주고 산업용 사물인터넷을 활용한 엔진 유지보수 관리 서비스를 진행하고 있다. 엔진에 부착된 센서와 산업용 사물인터넷으로 엔진의 사용 현황과 방식, 사용상 효율, 부품 마모 상태 등의 데이터를 실시간으로 수집하고 분석한다. 단순히 엔진을 만들어 팔던 방식을 버리고 기존 제품에 서비스를 덧씌우는 방식으로 고객 만족도를 높인 것이다. 엔진만 팔고 끝이었던 것보다 더 많은 수익을 지속적으로 창출할 수 있다. 비즈니스에서 물건을 파는 방식이 바뀐 것인데, 심지어 대형 항공기 엔진 같은 특수 분야마저도 팔지 않고 빌려주는 구도로 전환된 것이다. 그리고 이런 전환의 배경에는 사물인터넷과 빅데이터 등 산업 4.0 혹은 4차 산업혁명이라 불리는 IT 기반의 진화가 있다. 우리가 모르는 사이 세상의 비즈니스 방식은 바뀌고 있다. 전통적인 제조업이 서비스로 전환되며, 팔지 않고 빌려주는 비즈니스 모델이 급부상한 것이다.

이제 업무용 소프트웨어도 판매보다는 빌려주는 방식이 보편적이다. 매달 이용료를 내면 모바일에서든 컴퓨터에서든 마음껏 쓴다. 중국판 넷플릭스라 불리는 러에코 LeEco는 콘텐츠 비즈니스를 하는 회사이면서 미국의 중저가 텔레비전 제조업체인 비지오^{Vizio}를 인수했다. 텔레비전을 사면 유료 콘텐츠를 2년간 무료로 보게 해주는데, 그들에게 텔레비전은 콘텐츠를 팔기 위한 미끼가 된다. 이전에는 텔레비전을 파는 회사가 콘텐츠 회사보다 대개 규모가 컸다면, 이제는 그 반대가 된 것이다. 사업에서 플랫폼의 역할이 커지면서 제조업이든 서비스업이든 IT 분야든 상관없이 모두가 비즈니스 플랫폼을 어떻게 확장시키고 견고하게 유지할 것인가에 사업의 초점이 맞춰진다. 이 또한 비즈니스 진화에 관한 인사이트를 갖춘 기업들이 일구어놓은 변화다.

　예전에 안 되는 일이었다고 해서 지금도 안 된다고 할 수 없다. 지금 비싸다고 미래에도 비싸야만 하는 것은 아니다. 과거의 방식이 언제든 더 나은 새로운 방식으로 대체될 수 있으며, 누군가에게는 위기로, 누군가에게는 기회로 극명하게 갈린다. 결국 과거에 종속되지 않는 사람이 미래의 기회도 더 가져간다. 이러한 기회를 찾아내는 것이 바로 인사이트다.

콜센터가 최고의 핵심 부서가 되다

1999년 설립된 자포스^{Zappos}는 창업 10년 만인 2009년 아마존에 12억 달러에 인수되었다. 12억 달러라는 금액만 보면 창업자에게 대단한 잭팟으로 보이겠지만, 자포스의 2009년 매출이 12억 달러가 넘는다. 2008년 미국발 금융 위기 상황에서도 1300%의 성장률을 기록했던 회사다. 재구매 고객율 75% 이상에 고객충성도지수[NPS]가 90점대를 기록할 정도로 소비자의 사랑을 받았다. 《포춘》이 선정한 일하기 좋은 100대 기업 순위에서 2009년 23위(2010년 15위)를 차지한 기업이기도 하다. 창업 10년 만에 이룬 대단한 성과다. 이런 기업을 아마존이 인수한 것은 서로의 시너지 효과 때문이었다. 온라인 쇼핑의 글로벌 최강자인 아마존이 같은 온라인 쇼핑 분야의 자포스를 경쟁자가 아닌 파트너로 두기로 한 것이고, 자포스도 아마존과 함께 성장을 더 이루려 했다. 자포스 창업자이자 CEO 토니 셰이[Tony Hsieh]는 아마존에 인수된 후에도 계속 CEO를 맡고 있다. 스타트업을 매각하고 떠난 것이 아니라 지분만 팔고 경영은 그대로 맡은 것이다. 그렇다면 자포스는 어떻게 이런 놀라운 성과를 기록할 수 있었던 것일까? 온라인으로 신발을 파는 것은 진입장벽도 낮은 레드오션이고, 새로울 것 없어 보이는 비즈니스 모델이기도 하다. 자포스가 다른 수많은 온라인 신발 쇼핑몰과 다른 점은 무엇이었을까?

가장 큰 차이는 신발이 아닌 서비스를 판다는 점이다. 고객센터나 콜센터는 대부분 구색 맞추기용 부서인 경우가 많지만, 자포스에서는 핵심 중에서도 최고 핵심 부서다. 이름도 콜센터가 아닌 '콘택트센터[Contact Center]'라 부른다. 이곳은 전화뿐 아니라 메일, 라이브 채팅 등 다양한 매체를 통해 고객과 접촉한다. 콘택트센터는 연중무휴 운영하고, 반품 창구도 365일 열려 있다. 심지어 반품 시 배송비도 무료다. 그런데 자포스의 콘택트센터에는 매뉴얼이 없다. 고객센터나 콜센터를 운영하는 기업들은 대부분 매뉴얼을 다 가지고 있다. 고객들이 많이 하는 질문에 대한 답변이나 상황별 대응 방법 등 회사의 공식적인 입장을 만들어두고 담당자가 당황하지 않도록 하는 것이다. 효율적인 대응을 위해 강구한 방법이다. 하지만 자포스의 콘택트센터에서는 담당자가 스스로 판단해 대응한다. 콜센터 담당자가 모든 권한을 위임받는 책임자인 것이다. 외부 아웃소싱도 하지 않으며 100% 정규직이다. 다른 기업에서는 비용 절감을 위해 노동력이 싼 지역에 콜센터를 두거나 외주로 운영하는 경우가 많다. 콜센터를 핵심 부서로 생각하지 않는 기업들로서는 그게 합리적 선택이다. 자포스의 콘택트센터에서 250명을 모집했더니 2만 5천 명이 지원한 적도 있다. 다른 기업보다 월급을 더 주는 것도 아니다. 그럼에도 선망하는 자리가 된 것은 권한 때문이다. 고객을 응대하는 담당자가 가진 권한의 힘은 놀라운 결과를 만들어냈다. 한 고객이 입원 중인 어머니를 위해 자포스에서 신발을 샀는데 어머니가 한 번도 신어보지 못하고 사망하자(규정상 구매 후 15일이 경과하면 반품 및 환불 불가) 자포스는 신발값을 환불해줬을 뿐 아니라 장례식에 근조 화환과 카드도 보냈다. 물론 콜센터 담당자의 즉흥적인 판단이자 결정이었다. 만약 고객이 원하는 신발이 자포스에 없을 경우 다른 쇼핑몰을 검색해서 고객에게 구매 정보를 제공하기도 한다. 자포스 콘택트센터 직원들의 환상적인 서비스 사례는 셀 수 없이 많은데, 이것이 입소문이 나며 고객의 재구매로 이어졌다. 고객들이 사랑하는 기업이 되는 것보다 강력한 마케팅은 없다. 아마존이 자포스를 인수할 때 내건 가장 중요한 조건 중 하나가 콘택트센터를 변동 없이 유지하는 것이었다. 아마존이 쓴 12억 달러라는 돈 중 상당수는 콘택트센터의 가치라 해도 과언이 아니다.

토니 셰이는 자포스 이전에 인터넷 광고와 관련한 네트워크 회사인 링크익스체인지 Link Exchange 를 창업했다. 창업 2년 만에 마이크로소프트에 2억 6500만 달러에 매각하고, 이어 온라인 신발 쇼핑몰인 자포스를 아마존에 12억 달러에 매각했으니 스타트업 창업자 중에서는 연타석 홈런을 쳤다. 흥미롭게도 토니 셰이는 어떤 비즈니스든 열정적인 사람들이 운영할 때 비즈니스 성공 확률이 높아진다는 믿음을 갖고 있는 듯하다. 직원들의 동기부여와 열정을 강조하는 발언을 자주 하고, 사내 정책들을 통해 자기 뜻을 지속적으로 보여주고 있다. 그는 직원들에게 권한을 주는 것을 중요시한다. 칭찬이 고래를 춤추게 하듯 권한과 책임은 사람을 춤추게 한다. 직원들에게 중요한 사람임을 인식시키고 자존감을 높여주는 것이 탁월한 비즈니스의 핵심이라는 것을 그는 안다.

자포스에는 연수 기간 중 퇴직하는 신입사원에게 4천 달러를 주는 정책이 있다. 취업에만 성공하면 일하지 않고 한 달치 월급을 가져갈 수 있는 셈인데, 실제로 받아간 사람은 3%에 불과하다. 한국에서는 교육 전문 기업 휴넷에 비슷한 제도가 있다. 휴넷에서는 입사자가 수습 기간 종료 후 3개월 이내에 퇴직을 희망하면 200만 원의 보너스를 지급한다. 일종의 퇴사 보너스인데, 회사 비전을 공유하고 오랫동안 함께 성장할 직원들을 추리기 위한 장치이기도 하다. 월급만 받으면 끝인 수동적인 직장인이 아닌 회사와 함께 성장할 충성도 높은 직원들을 확보하는 것이 기업 입장에서는 아주 중요하기 때문이다. 5년간 근무한 직원에게는 한 달간의 유급 휴가를 주고, 무제한 자율 휴가 제도라는 독특한 제도도 있다. 정해진 휴가 일수와 상관없이 팀원들 간 협의가 되고 업무에 지장을 주지 않는 한 자유롭게 원하는 만큼 휴가를 갈 수 있는 파격적인 정책이다. 아울러 정년도 없앴다. 출근 시간을 자유롭게 조정하는 유연 근무제도 시행한다. 이러한 정책들은 직원들로 하여금 일에 몰입하도록 동기를 부여한다.

같은 아이디어에서 출발해서 비슷한 비즈니스 모델을 가진 기업일지라도 어떤 기업은 시장을 주도하고, 어떤 기업은 조용히 사라져버린다. 중요한 것은 아이디어 자체가 아니다. 비즈니스 창의력은 결국 비즈니스에서의 문제 해결 능력이고, 특별한 아이디어를 실행하는 능력이다. 결국 사람의 몫인 것이다. 그러므로 비즈니스를 풀어가는 파트너이자 조직 구성원들을 얼마나 열정적이고 즐겁게 일하도록 만드느냐가 무척 중요하다.

●

앨런 멀럴리는 회의에서 신호등을 켜게 한다

2006년 파산 위기에 몰렸던 포드 Ford 의 구원 투수로 보잉 CEO였던 앨런 멀럴리 Alan Mulally 가 선택되었다. 9·11 이후 항공업계의 위기 상황에서 보잉을 살렸던 그다. 포드를 살려낸 그는 퇴임 후 구글을 선택했고, 구글보다 먼저 러브콜을 보냈던 MS는 그의 거절만으로 주가가 떨어졌다. 도대체

앨런 멀럴리에게 어떤 특별한 능력이 있는 것일까?

앨런 멀럴리는 2006년부터 2014년 6월까지 포드의 CEO였다. 우리가 기억하는 그는 위기와 연관되어 있다. 미국 최고의 자동차 회사 포드를 위기에서 살려냈고, 세계 최고의 항공기 회사인 보잉도 그의 지휘 아래 위기를 극복했다.

2008년 금융 위기를 겪으며 미국의 수많은 기업들이 혼란에 빠졌다. 특히 자동차업계는 더 심각했다. 그런데 포드는 2009년 결산에서 순이익 흑자로 전환했다. 2008년 적자 규모가 무려 147억 6600만 달러(약 17조 1천억 원)였는데, 1년 만에 26억 9900만 달러의 흑자로 돌아선 것이다. 2005년 이래 4년 만의 흑자 전환이었고, 앨런 멀럴리가 영입된 2006년 이래 3년 만의 성과였다. 자동차 업종 자체의 위기이자 내부의 위기, 거기에 금융 위기라는 외부의 위기까지 겹친 최악의 상황에 CEO를 맡아 단기간에 보란 듯이 위기를 넘어선 것이다. 같은 시기 미국의 자동차 빅 3 중 GM과 크라이슬러는 파산보호 신청에 들어갔다. 포드만 유일하게 자력으로 위기를 극복하며 살아난 것이다.

위기 극복은 실패에 대한 태도 변화에서부터 시작되었다. 앨런 멀럴리는 취임 후 방대한 조직의 수많은 임원들에게 업무 보고 시 신호등의 빨간색, 노란색, 녹색등을 들게 했다. 진행 중인 사업이 문제 없이 잘될 것 같으면 녹색, 실패할 조짐이 조금이라도 보이면 노란색, 실패가 확실해서 위험하다 여겨지면 빨간색을 켜놓고 발표하게 한 것이다. 첫 6주 동안 모든 임원들은 녹색등만 켰다. 당시 170억 달러가 적자이던 상황임에도 임원들은 현실을 직시하지 못하고 있던 셈이다. 앨런 멀럴리는 현실을 제대로 보고하지 않는 임원은 즉시 해고하겠다고 엄포를 놨고, 그로부터 2주 후 처음으로 빨간색 등이 나타났다. 하지만 그는 이 보고에 화를 내긴커녕 현실을 제대로 알려줘서 고맙다며 해당 부서가 위기 상황을 벗어나기 위해 무엇을 하든 회사가 200% 이상 지원하겠다고 말했다. 이때부터 조직에서 위기는 숨기는 것이 아니며, 위기를 빨리 말할수록 회사에서 개선할 수 있는 시간과 자금을 투입해준다는 믿음과 문화가 생기기 시작했다.

이후 녹색 일변도에서 노란색, 빨간색 등이 다양하게 켜지며 실패 가능성이 있는 프로젝트에 대해 함께 고민하기 시작했다. 포드는 그렇게 힘을 합쳐 위기를 넘을 수 있었다. 결국 현실에 대한 정확하고 냉정한 인식이 위기 극복의 시작이었던 것이다. 신호등은 위험한지 안전한지를 가장 직관적으로 가늠케 해주는 도구다. 임직원들로 하여금 냉정하게 위기를 바라보도록 하기 위해 신호등을 활용했던 것으로 추정된다. 문제를 강렬하게 시각화시켜 조직 문화를 바꾼 것인데, 실패 가능성에 대해 말하기 두려워하는 것은 특정 직원만의 문제가 아니라 조직 문화의 문제일 수 있기 때문이다. "실패는 감출수록 커지고 악화되지만 일단 드러내기 시작하면 성공과 창조를 가져온다." 실패학의 창시자이자 도쿄대학교 명예교수인 하타무라 요타로의 이야기를 되새겨볼 필요가 있다. 문제를 감추면 시간만 흐른 채 결국 문제를 풀 기회를 놓친다. 문제를 해결하고 싶다면 먼저 문제를 드러내야 한다. 그것도 아주 세세하고 노골적으로 드러내야 한다. 그래야 위기의 실체가 명확해지고 그 문제를 해결할 구체적인 방법을 찾을 수 있다. 문제를 해결하기도 바쁜데 문제 자체를 보물찾기 하듯 찾아야 한다면 그만큼 시간도 기회도 손해다.

●

실패한 프로젝트에 샴페인 파티를 열다

게임 회사 슈퍼셀 Supercell 의 2016년 매출은 23억 1500만 달러, EBITDA는 10억 1400만 달러다. 놀라운 것은 이 성과가 헤이데이, 클래시 오브 클랜, 붐 비치, 클래시 로얄 등 단 네 개의 게임으로 올린 것이라는 점이다. 게임당 평균 매출이 무려 5억 8천만 달러에 이른다. 그것도 2016년 한 해에만 그렇다. 심지어 슈퍼셀의 직원 수는 전 세계 다섯 군데 사무실의 213명이 전부다. 1인당 매출이 1천만 달러가 넘는 것이다. 모바일게임 회사 중에서 슈퍼셀만큼 강력한 회사는 없다. 세계적으로 하루 평균 750여 개의 모바일게임이 출시되는 치열한 게임 시장에서 어떻게 슈퍼셀의 게임들은 독보적인 성과를 내고 있는 것일까?

　결론부터 이야기하면 실패에 대한 태도가 차이를 결정했다. "혁신은 세상에 없던 것을 만들어내는 것이며, 세상에 없던 것을 만드는 데 실패는 필수 요소다." 슈퍼셀의 창업자이자 CEO 일카 파나넨 Ilkka Paananen 의 말이다. 실패는 늘 있을 수 있는 일이고, 실패 자체가 중요한 것이 아니라 실패를 통해 무언가를 배우는 것이 중요하다는 의미다. 아마존 창업자이자 CEO 제프 베조스도 실패에 관해 비슷하게 이야기했다. "아마존 성공의 핵심은 혁신 추구 과정 중의 실패를 수용할 수 있는 능력이다. 아마존은 세계에서 실패하기에 가장 좋은 회사다. 실패와 혁신은 뗄 수 없는 쌍둥이다. 발명을 위해서는 실험해야 하고, 미리 성공할 것을 안다면 그건 실험이 아니다."

또한 파나넨은 빨리 접는 것이 늦게 포기하는 것보다 훨씬 낫다는 생각을 여러 번 드러냈다. 슈퍼셀이 이룬 성과가 단 네 개의 게임인 이유는, 네 개를 위해 중도에 열네 개를 포기했기 때문이다. 슈퍼셀이 처음 만든 게임 건샤인은 월 이용자 수 50만 명을 기록했으나 수년간 길게 플레이할 수 있는 게임이 아니라는 판단에 과감히 서비스를 중단했다. 슈퍼셀에서는 10년 이상 즐길 수 있는 게임을 만드는 것을 중요한 기준으로 삼는다. 그리고 더 재미있는 것을 위해 덜 재미있는 것을 과감히 포기한다. 모바일게임 '펫 대 오크'와 '타워'도 개발 도중 중단했는데, 그 이유는 충분히 재미있지 않아서였다. 심지어 페이스북 소셜 기능을 활용하는 게임 프로젝트 '매직'을 위해 6개월 동안 모든 팀원이 밤낮으로 일하며 완성도 높은 게임을 만들었지만, 더 재미있는 '클래시 오브 클랜'을 개발하기 위해 중단했다. 이들이 중단한 게임들도 시장에 내놓았다면 그런대로 팔렸을 것이다. 하지만 과감한 결단 덕분에 네 가지 게임만으로 하루 접속자 수가 1억 명이 넘는 큰 성공을 얻을 수 있었다. 슈퍼셀은 게임 소프트런칭(일부 국가에서만 게임을 출시하는 것)까지 간 이후 개발이 취소되면 게임 캐릭터로 장식한 케이크를 놓고 샴페인 파티를 연다. 파티에서는 실패의 원인이 무엇인지, 앞으로 무엇을 할 것인지에 대한 자유로운 토론이 오간다고 하는데, 실패를 축하하는 슈퍼셀만의 조직 문화인 셈이다.

회사명 '슈퍼셀'에서 '셀Cell'은 10인 이하의 작은 조직을 뜻한다. 애초에 일카 파나넨은 매우 뛰어난 작은 조직을 지향했다. 슈퍼셀의 대표 게임인 '클래시 오브 클랜'의 개발자도 20여 명에 불과하다. 10년 이상 경력의 최고 인재들이 모여 셀 단위로 일을 하는데, 프로젝트의 중단 여부도 경영진이 판단하지 않고 각 셀에서 자체적으로 결정한다. 파나넨은 자신의 목표가 세상에서 가장 권력이 없는 CEO가 되는 것이라고 밝히기도 했다. 게임이 잘되면 게임 캐릭터를 이용해 영화나 테마파크, 유통 등 문어발처럼 다양한 사업을 벌이는 기업들이 있는 반면 슈퍼셀은 오로지 게임에만 집중한다.

일카 파나넨은 슈퍼셀 이전에 모바일게임업체 슈미아Sumea를 창업했다. 미국의 게임업체 디지털 초콜릿Digital Chocolate에 회사를 매각한 후 CEO를 맡고 있었던 그는 10년 이상의 게임 개발 경력을 가진 전문가를 모아 슈퍼셀을 창업한다. 파나넨의 게임업계 내 인지도 덕에 슈퍼셀은 게임을 만들기도 전에 액셀파트너스(앵그리버드를 만든 로비오에 투자했던 회사)로부터 1200만 달러를 투자받기도 했다. 2010년 슈퍼셀을 창업한 후, 2011년 첫 모바일 게임을 출시하고 2013년 일본의 소프트뱅크 계열사인 겅호GungHo 온라인에 지분의 51%를 15억 달러(2016년 소프트뱅크는 세계 최고 게임 회사인 텐센트에 자기 투자금의 몇 배를 받고 지분을 매각)에 매각한다. 일카 파나넨으로서는 창업 3년 만에 잭팟을 떠뜨린 셈인데, 여전히 슈퍼셀의 흥행은 진행 중이다. 그들의 말처럼 10년 이상 즐길 수 있는 게임을 만들기 위해 실패를 자양분 삼는 방식은 탁월한 비즈니스에 있어 실패에 대한 태도가 얼마나 중요한지 생각하게 한다. 성공을 위해 실패를 두려워하지 않는 태도는 그 어떤 뛰어난 아이디어보다 강력한 무기다.

GE는 34년간 유지되었던 '10% 룰'을 2015년 8월 폐지했다. 10% 룰은 20세기 경영의 귀재로 불린 잭 웰치Jack Welch가 1981년 GE를 맡으면서 도입한 3등급 상대평가로, 상위 20%에게는 성과급과 승진 기회를 제공하고 중위 70%는 격려하며 나머지 10%에게는 퇴출을 권고하는 제도다. 전 세계 수많은 기업이 벤치마킹했고 여전히 따르는 기업이 많은 고과평가에 따른 연봉제의 원조 격인 10% 룰을 GE가 버린 것은 구성원의 지적 잠재력을 극대화하는 데 도움이 되지 못한다고 판단했기 때문이다. 불필요한 경쟁을 부추겨 아이디어 공유나 협업을 막고 단기성과주의, 숫자에 집착하는 문화 등을 만든다는 것이다. 그리고 결정적으로 4차 산업혁명이 거론되는 디지털 기반의 혁신 시대에는 더 이상 유효하지 않은 과거의 방식으로 본 것이다. 단기적 성과의 틀에 갇혀 평가를 하면 위험성 높은 새로운 도전에 나서기보다 안정적인 과거의 비즈니스에만 집중하기 쉽다. 결국 실패에 대한 조직의 태도에 변화가 없으면 기업의 미래도 없다. GE의 이러한 태도는 스타트업에서 배워온 것이나 다름없다. 스타트업이 가진 최고의 무기가 바로 과감한 도전이 가능한 조직 문화이자 실패를 두려워하지 않는 태도이기 때문이다.

GE뿐만 아니라 구글의 조직 문화도 눈여겨볼 만하다. 구글 인사 부문

수석 부사장 라즐로 복 Laszlo Bock 은 독일 시사주간지 《슈피겔》과의 인터뷰에서 다음과 같이 말했다. "구글은 실패의 낙인 효과를 없애기 위해 체계적으로 노력하고 있다. 우리는 직원들에게 풀 수 없는 과제를 준다. 그러면 뛰어난 수재들은 문제를 풀기 위해 고심하다 이성을 잃고 분노하고 결국 실패한다. 하지만 그 뒤 이들은 자신이 실패했다고 해서 세상이 끝나는 것은 아님을 알게 된다." 혁신과 창조를 다룸에 있어 탁월한 창업자나 CEO들에게는 실패의 DNA가 있었다는 것을 우리는 늘 기억해야 한다.

성공한 사람도 결국 도전하는 사람이다

좋은 안목을 어떻게 탁월한 비즈니스로 연결시킬 수 있을까? 먼저 탁월한 비즈니스가 무엇인지부터 생각해봐야 한다.

한 13세 소년은 어느 날 "시각장애인들은 어떻게 읽을까?"라는 궁금증이 생겼다. 부모에게 질문했더니 구글에서 직접 찾아보라고 했다. 시각장애인들이 점자를 사용해 문자를 읽는다는 것을 안 소년은 시각장애인용 점자 프린터의 존재도 알게 되었다. 이 프린터는 2천 달러 이상의 가격으로 팔리고 있었는데, 전 세계 2억 8500만 명의 시각장애인 중 90%는 가난한 개발도상국에 살고 있었다. 그들 중 대다수는 이 엄청난 돈을 부담하기 어려울 것이었다. 소년은 이 문제를 해결하고 싶었다. 가난한 사람들을 위해 점자 프린터를 저렴한 가격으로 공급할 방법을 고민하기 시작했다. 소년이 찾은 답은 레고 블럭이었다. 소년은 레고의 모듈로봇 조립 세트를 활용해 점자 프린터를 만들었는데, 500달러 이하로 제품화시키는 것이 목표였다. 비즈니스라면 시중 가격의 2분의 1로만 해도 가격 경쟁력이 탁월하고 이윤도 꽤 남길 수 있었음에도, 소년은 돈을 버는 것을 선택하지 않았다. 이 소년의 비전과 가능성에 감명받은 인텔은 자사 산하의 벤처캐피탈을 통해 소년의 회사에 수십만 달러를 투자한다. 이 자금 덕분에 소년은 본격적인 개발에 들어갈 수 있었다. 브레이고 랩스Braigo Labs라는 점자 프린터 회사를 세운 슈브함 바네르지Shubham Banerjee의 창업 스토리다. 13세 소년이 창업을 했다는 것도 놀랍지만 비즈니스를 대하는 그의 태도가 더욱 놀랍다. 진정한 기업가 정신이란 돈을 더 많이 버는 데 있지 않고 사회적 문제와 우리의 삶을 어떻게 바꾸느냐에 있는 것 아닐까?

일론 머스크의 행보도 우리에게 많은 영감과 가능성을 보여준다. 그는 페이팔을 매각한 돈을 테슬라에 투자해 미래의 자동차 사업의 기준을 세우고, 스페이스엑스를 통해 우주 사업을 시작하는 등 자신의 꿈을 하나씩 실행에 옮기고 있다. 그가 페이팔을 나오면서 스스로에게 던진 질문은 "돈을 벌 수 있는 최고의 방법은 무엇인가"가 아니라 "인류의 미래에 지대한 영향을 줄 수 있는 다른 문제는 무엇인가"였다. 그 질문에 대한 답을 찾고, 찾은 답을 실행하기 위한 방법을 모색하기 위해 창업을 한 것이다. 누구나 세상을 바꿀 수 있다. 하지만 반짝이는 아이디어, 돈을 좀 버는 것을 넘어서는 발상이 필요하다. 무엇보다 진짜 하고 싶은 일을 자기 가슴에 품고 사는 것이 매우 중요하다.

구글의 교육책임자 Chief Education Evangelist 제이미 카삽 Jaime Casap 이 말했다. "아이에게 무엇이 되고 싶은지 묻지 말고 어떤 문제를 해결하고 싶은지 물어보세요. 그럼 대화는, 누구를 위해 일할 것인지에서 문제 해결을 위해 무엇을 배워야 하는지로 바뀝니다." 이 이야기는 자녀들뿐만 아니라 어른인 우리에게도 중요하다. 우리는 늘 누구를 위해서 일할 궁리만 했다. 직장에 들어가서 일할 때도 그렇고, 창업을 할 때도 그렇다. 스타트업은 돈을 벌기 위함이 아니라 세상에 있는 문제를 해결하기 위함이고, 새로운 문제 해결책, 즉 새로운 비즈니스 모델을 만들어내는 데 목표를 두어야 한다.

필자가 세상에서 가장 부러워하는 사람 중 한 명이 폴 앨런이다. MS의 공동 창업자인 폴 앨런은 왜 부자가 되어야 하는지를 아주 매력적으로 보여준다. 《포브스》가 꼽은 2017년 6월 기준 세계 부자 순위 42위인 그의 재산은 202억 달러다. 그는 2004년 최초의 민간 유인우주선 스페이스쉽 1 SpaceShipOne 을 쏘아 올린 것을 비롯, '스트라토론치 시스템즈 Stratolaunch Systems' 라는 민간 우주항공 기업을 설립해 우주 개발을 계속하고 있다. 우주로 발사될 로켓을 싣고 해발 1만 m 상공까지 이륙해 공중에서 로켓을 발사해 인공위성 궤도로 올리는 날개폭 117m에 이르는 세계 최대 크기의 비행기 스트라토론치를 만들었다. 그는 우주 개발에만 돈을 투자하는 것이 아니라 세계에서 가장 큰 요트에 첨단 장비를 설치해 심해를 지속적으로 탐험하는 데도 돈을 쓴다. 그는 인간 수준의 인공지능 개발에 도전하고 있으며, 자신의 이름을 딴 뇌과학연구소를 비롯해 세포과학연구소, 인공지능연구소 등에 막대한 돈을 기부하며 운영 중이다. 미국 프로농구NBA 팀과 미식축구NFL 팀, 그리고 프로축구 팀까지 프로 스포츠 구단을 세 개 보유한 구단주이기도 하고, 모네의 그림을 비롯한 세계적인 명화도 다수 수집했으며, 전투기 수집광이자 박물관도 운영하는 등 문화 산업에도 관심이 많다. 1975년 MS를 공동 창업한 그는 1983년 MS를 떠났다. 일찍이 억만장자가 된 폴 앨런은 세상을 바꾸는 일, 자신이 하고 싶은 일을 위해 아낌없이 돈을 쓰며 살고 있다. 세상은 일론 머스크와 폴 앨런 같은 사람들 때문에 더 빨리 진화하고 있다.

"그들은 했는데, 왜 난 못했을까?" 우리가 늘 하는 고민이다. 성공이 정해진 운명은 아닐 텐데, 어떤 사람은 세계적인 기업을 창업하거나 세상을 바꾸는 데 앞장서고, 어떤 사람은 그 성공과 도전을 보며 존경과 경외감을, 때로는 시기와 질투를 느낀다. 마크 저커버그는 페이스북을 만든 유일한 사람이 아니라, 소셜 네트워크를 시도한 수많은 도전자들 중 한 명이었다. 우리가 최고의 성공을 거둔 마크 저커버그만 기억하고 무수한 도전자들의 실패는 기억하지 못하는 것일 뿐이다. 결과는 성공과 실패로 갈라졌지만 어쨌든 도전자들 중에서 성공하는 사람이 나온다는 것을 기억해야 한다. 도전하지 않은 자에게 남의 성공은 언제나 강 건너 불구경이자 그림의 떡에 불과하다.

누구나 스타트업에 나설 수 있고, 누구나 자신의 생각을 비즈니스로 옮길 기회가 있다. 그 기회를 모두가 성공으로 이끌어내지 못하더라도, 어차피 시작하지 않는 자에게는 애당초 성공 가능성도 존재하지 않는다. 결국 탁월한 아이디어와 탁월한 비즈니스는 용기를 내서 도전하는 자의 몫이다. 성공한 이들의 결과에만 주목하는 것이 표면적 눈이라면, 그들의 시작부터 과정 중 겪은 고난까지 보는 것은 좀 더 통합적인 눈이다.

에필로그

당신의 안목은 얼마짜리인가?

저마다 몸값이 있는 것처럼 안목에도 값이 있다. 뛰어난 안목을 가지고 있으리라 예상되는 세계 최고의 CEO 연봉은 얼마나 될까?《포춘》의 'S&P 500대 기업' 중 최고 연봉자는 전 익스피디아^{Expedia} CEO이자 현 우버 CEO인 다라 코스로샤히^{Dara Khosrowshahi}로, 2015년 연봉이 9640만 달러(약 1156억 원)였다. 2020년까지 CEO 계약을 연장하며 받은 1억 8천만 달러 상당의 스톡옵션을 포기하고 우버로 이직했으니 우버가 코스로샤히에게 2억 달러가 넘는 보상을 약속했다는 추측도 있다. CBS 회장 레슬리 문베스^{Leslie Moonves}가 5680만 달러, 디즈니^{Disney} 회장 로버트 밥 아이거^{Robert Bob Iger}가 4490만 달러, 비아콤^{Viacom Inc.} 회장 필립 다우먼^{Philippe Dauman}이 4430만 달러, 제너럴그로스 프로퍼티스^{General Growth Properties} 회장 샌딥 마슬라니^{sandeep mathrani}가 3920만 달러로 뒤를 잇는다. 'S&P 500대 기업' 외의 기업에서

261

에필로그

당신의 안목은 얼마짜리인가?

저마다 몸값이 있는 것처럼 안목에도 값이 있다. 뛰어난 안목을 가지고 있으리라 예상되는 세계 최고의 CEO 연봉은 얼마나 될까?《포춘》의 'S&P 500대 기업' 중 최고 연봉자는 전 익스피디아Expedia CEO이자 현 우버 CEO인 다라 코스로샤히Dara Khosrowshahi로, 2015년 연봉이 9640만 달러(약 1156억 원)였다. 2020년까지 CEO 계약을 연장하며 받은 1억 8천만 달러 상당의 스톡옵션을 포기하고 우버로 이직했으니 우버가 코스로샤히에게 2억 달러가 넘는 보상을 약속했다는 추측도 있다. CBS 회장 레슬리 문베스Leslie Moonves가 5680만 달러, 디즈니Disney 회장 로버트 밥 아이거Robert Bob Iger가 4490만 달러, 비아콤Viacom Inc. 회장 필립 다우먼Philippe Dauman이 4430만 달러, 제너럴그로스 프로퍼티스General Growth Properties 회장 샌딥 마슬라니sandeep mathrani가 3920만 달러로 뒤를 잇는다. 'S&P 500대 기업' 외의 기업에서

는 미국 캘리포니아 의료 기업 난트케이웨스트^{NantKwest}의 CEO 패트릭 순쉬옹^{Patrick Soon-Shiong}이 1억 4760만 달러로 최고 연봉자다. 세계 최고 CEO들의 연봉은 3천만 달러대의 스포츠 스타 몸값을 능가한다. 실제로 세계 최고의 부자들은 모두 기업의 창업자이자 CEO들이다. 그렇다면 그들은 타고날 때부터 억만장자였을까? 미국 피터슨국제경영연구소의 〈엄청난 부의 기원〉 보고서에 따르면, 1996년에서 2015년까지 20년간 《포브스》가 발표한 억만장자 명단을 분석했더니 자수성가 부자가 상속받은 부자보다 압도적으로 많았다. 미국은 억만장자 중 자수성가형 억만장자가 71.1%였고 유럽은 64.2%, 중국은 98%, 일본은 81.5%였다. 특히 세계 최고 부자 톱 20위 중 열네 명이나 자수성가형이었으며 대부분이 창업자들이었다. 이들은 자기만의 안목을 가지고 시장에 미래 지향적인 비전을 제시했기 때문에 남들과 다른 탁월한 비즈니스를 구현할 수 있었다.

탁월한 안목, 탁월한 비즈니스는 '왜'의 연속에서 나온다. '왜'를 계속 찾는 것이 인사이트의 핵심이다. 꿰뚫어본다는 것은 겉으로 드러난 답에만 멈춰 있지 않다는 의미다. 표면적으로 드러난 관성적이고 일반적인 답에 안주하는 순간, 그 속에 숨어 있을지도 모르는 진짜 이유와 배경, 이를 통해 알아낼 수 있는 핵심이자 전략적 방향도 못 본 채 지나칠 수 있다. 인사이트가 풍부한 사람은 문제의식이 많은 사람이다. 도요타 자동차에서는 문제 해결에 앞서 다섯 번 '왜'라고 묻는다. 삼성의 이건희 회장도 다섯 번에 걸쳐 '왜'라고 묻는 것을 사물 본질 파악의 수단으로 활용했다. 이를 순차적 탐색 방법이라고 하는데, 보다 정확한 답을 찾아내서 문제를 해결할 수 있게 만든다. 다섯 번쯤 왜라고 물으면 웬만한 일의 본질은 다 파악할 수 있다. 로드아일랜드 디자인 스쿨의 존 마에다^{John Maeda} 총장은 창조적 기업이 되기 위한 조건이 '끊임없이 왜라고 묻는 것'이라고 했다. 끊임없이 묻기가 힘들다면, 다섯 번만이라도 물어보자. 대부분의 사람들은 문제에 대한 의구심을 한두 번 가지다 만다. 문제의 깊은 곳까지 들여다보지 못하고 중간에서 대충 답을 내리거나 포기하는 것이다. 다섯 번 질문한다는 것은 같은 질문을 반복하는 것이 아니라 점점 심화되어가는 질문들을 던진다는 것이고, 앞선 질문의 답은 다시 그다음 질문으로 연결된다. 이러한 질문 방식은 숨겨진 답을 찾거나 이면의 통찰을 하는 데에도 유용하다.

"아는 만큼 보인다"라는 말이 있다. 대상에 대한 지식이 많아질수록 더 깊이 있게 이해할 수 있다는 뜻이다. 나는 여기에 "보는 만큼 질문한다"라고 덧붙이고 싶다. 보는 수준이 높아질수록 더 많은 궁금증이 생기고, 질문의 깊이가 깊어지면 그만큼 본질에 더 다가갈 수 있다. 질문은 입보다 눈과 귀에서 나온다. 많이 보고 많이 듣고 많은 경험한 사람이 더 많은 호기심과 문제의식을 가질 수밖에 없다. 새로운 것을 처음 접하는 어린아이들처럼 모든 것에 호기심을 가지고 질문을 던져야 한다. 어른들은 질문을 한 번 하고 답변이 부실해도 그냥 넘어가는 경우도 많고, 궁금한 것을 해결하기 위해 끝까지 질문하지도 않는다. 적당히 타협하는 일이 많다. 반면 아이들은 천진난만하게 별의별 것을 다 묻는다. 아이들의 질문을 받다 보면 끝이 없다. 얼토당토않은 것까지도 궁금해한다. 아직 선입견과 고정관념도 적고, 지식과 정보도 적어서다. 무엇이든 당연한 것은 없다. 그래서 우리도 종종 아이처럼 생각하고 질문해야 한다. 답을 찾기도 전에 스스로 먼저 답을 단정짓고 관성에 따라 결론을 내려버린다면 진짜 문제에 접근하기도 전에 기회를 스스로 차단하게 된다.

평평한 운동장에서 눈을 감고 달려보라. 아무리 넓고 평평하다 해도 눈을 감는 순간 우리는 평소와 같은 속도로 달리지 못한다. 속도는커녕 방향도 자꾸 어긋난다. 보이지 않으면 목표점을 알 수가 없고, 외부 상황을 인지하지 못해 불안할 수밖에 없다. 장애물에 부딪히거나 돌부리에 걸려 넘어질까 불안해하느라 달리는 일 자체에 집중할 수도 없다. 만약 평평한 운동장이 아니라 차가 다니는 도로나 복잡한 골목길이라고 생각해보라. 달리기는커녕 발걸음을 떼는 것조차 불안할 것이다. 비즈니스를 하건, 스타트업을 하건, 취업을 하건 마찬가지다. 우리가 직면한 문제 앞에서 눈을 감는다면 우리의 실력을 제대로 발휘하지 못한다. 치열한 경쟁이 벌어지는 전쟁 같은 비즈니스 상황에서 가진 실력조차 발휘 못 한다는 것은 치명적인 일이 아닐 수 없다. 그러므로 네 가지 안목은 눈과 같다. 네 가지 안목이 없는 것은 눈을 감고 있는 것이나 마찬가지다. 운으로 살아갈 수는 없다.

당신이 가진 실력을 최대한 발휘하기 위해서는 인맥이 아니라 안목이 필요하다. 인맥은 될 일을 좀 더 빨리 되게 할 수는 있어도 안될 일을 되게 할 수는 없다. 하지만 안목은 안될 것에서 될 것을 찾아낸다. 될 것에서는 더 잘될 것을 찾아낸다. 인맥이 남에게 의지하며 운을 시험하는 것이라면, 안목은 온전히 내 실력으로 나 스스로 운을 만들어가는 것이다. 인맥의 노예가 될 것인가, 안목의 주인이 될 것인가? 선택은 명확하다. 네 가지 안목이 당신의 실력을 증폭시켜줄 무기다. 이미 가진 실력을 최대한 발휘하기 위해서라도 네 가지 안목이 필요하다. 더 이상 눈 감고 달리지 말고, 눈을 뜨자. 네 가지 안목을 통해 비즈니스의 눈을 뜨고 제대로 달리자. 네 가지 안목은 문제를 좀 더 명확하게 들여다보게 해준다. 문제를 최대한 제대로 보아도 푸는 게 어려울 수 있는데, 문제도 제대로 못 보고 덤벼드는 건 무모한 일이다. 눈앞에 낭떠러지가 있는데 이걸 보지 못하고 겁없이 내달렸다고 생각해보라. 누가 이것을 용감한 도전이라 하겠는가?

날카롭고 예리하게 일상과 주변을 관찰하는 킨사이트, 서로 다른 영역을 결합시켜 전혀 상상하지 못한 영역을 찾아내는 크로스사이트, 먼 미래에서부터 가까운 미래까지 볼 수 있는 포사이트, 숨겨진 의미와 비밀까지 파고들듯 깊숙이 들여다볼 수 있는 인사이트 모두 누구나 노력하면 충분히 가질 수 있다. 타고난 천재들만이 갖출 수 있는 특별한 안목이 아니다. 그리고 누구든 네 가지 안목만 있다면 훨씬 더 많은 기회에 다가갈 수 있다. 더 많은 것이 보이기 때문이다. 실제로 비즈니스의 역사를 들여다봐도 네 가지 안목을 가진 사람일수록 탁월한 성과를 내고 놀라운 성공을 거두었다는 점을 기억해둘 필요가 있다. 책에서 다룬 수많은 비즈니스 성공 사례나 탁월한 창업자, 경영자들의 사례를 보며 '그들을 따라 하자'라는 결론을 내려서는 안 된다. 네 가시 안목을 살 갖추려고 노력하는 것이 훨씬 더 중요하다. 이제 우리도 눈을 뜨자.

참고문헌

사소한 것도 적극적으로 본다
Keen-sight: 예민한 눈

《동아일보》 | '스냅챗' 20대 공동 창업자 6조 원대 대박 | 2017. 3. 4

《매일경제》 | 비행기 타고 뉴욕 가서 봐야 했던 메트 오페라 '3만 원에 편하게' | 2016. 3. 1

《매일경제》 | 30년 나이키 아성에 도전하는 '언더아머' : 기능 중시 '언더독 마케팅' 틈새시장 공략
      2017. 1. 9

《머니투데이》 | 유튜브 창업자 스티브 첸 단독 인터뷰 (상) | 2012. 6. 28

《미주중앙일보》 | 스냅챗 성공에 '돈벼락' 맞은 고등학교 | 2017. 3. 4

《버티컬 플랫폼》 | AI와 스타일리스트가 함께 의상을 추천해주는 '취향 저격' 쇼핑 서비스 Stitch Fix
      2017. 2. 10

《블로터》 | 세상의 모든 주소를 세 단어에 담다 | 2016. 5. 27

《비석세스》 | 매트리스 스타트업 캐스퍼 이야기 | 2015.7.3

《아시아투데이》 | 매트리스 장사로 연매출 1천억… 美 스타트업 대표의 '성공 조언' 10가지 | 2016. 6. 26

《조선비즈》 | '스노우볼' 우버의 비결… 헬리콥터 택시부터 음식 배달에 자율주행 트럭까지 폭풍 성장
      2016. 12. 25

《조선비즈》 | 젊은층 해방감 건드린 '30조 원 괴물 메신저' | 2017. 2. 18

《조선일보》 | ALC 참석차 한국 온 알리바바 마윈 회장 인터뷰 (上) "번쩍이는 달의 時代 지나…
      반짝이는 작은 별들이 미래 이끌 것" | 2015. 5. 21

《중앙일보》 | 뉴욕 메트 오페라 공연 영화관서 생중계한다 | 2006. 9. 8

《중앙일보》 | 영화관? 연극 틀어주는 극장입니다 | 2017. 2. 27

《파이낸셜뉴스》 | 숙박과 ICT가 만나면 모텔도 호텔 된다… '여기 어때' 심명섭 대표 | 2017. 1. 16

《플레이DB》│ 세계가 믿고 보는 공연 탄생지, 영국 내셔널 시어터가 궁금하다 │ 2018. 2. 6

《탑클래스》│ 인간과 사물이 직접 소통하는 시대를 꿈꾼다 │ 2016년 12월호

《티타임즈》│ 다른 여행가방에는 없는 두 가지 │ 2017. 2. 22

《한국경제》│ 택시 잡는 데 30분, 승차 거부 '짜증'… '불편한 경험'이 창업 본능 자극했다 │ 2014. 2. 24

《CIO Korea》│ 'AI+데이터 과학자'로 패션 취향 저격 … 스티치픽스의 성공 사례 │ 2016년 5월호

《CNN Money》│ How Casper made buying a mattress cool │ 2016. 10. 21

《Fortune》│ How This Entrepreneur Convinced Investors That Luggage Can Be Sexy
        2017. 2. 18

《The Guardian》│ Why are mattress companies acting like tech startups? │ 2016. 10. 13

《The Independent》│ How Casper and other mattress companies made beds into the hottest
        new tech product │ 2016. 11. 23

《Washington Post》│ This 'Blue Collar Millionaire' turned her family's messes into Slobproof
        furniture │ 2017. 1. 13

《날카로운 상상력》│ 김용섭 │ 미래지식 │ 2008

《생각의 씨앗》│ 김용섭 │ 생각의나무 │ 2010

《어떻게 질문해야 할까》│ 워런 버거, 정지현 옮김 │ 21세기북스 │ 2014

《우아한 관찰주의자》│ 에이미 E. 허먼, 문희경 옮김 │ 청림출판 │ 2017

〈국내 신용카드 산업의 역사와 현황〉│ 이인호, 박민선 │ 한국경제포럼 │ 2015년 8권 3호

www.metopera.org

www.nationaltheatre.org.uk

세상 모든 것의 연결 고리를 찾아낸다
Cross Sight: 교차하는 눈

《더기어》│ 아마손북스 오프라인 서점 1호점을 가다 │ 2016. 3. 9

《로드테스트》│ 집도 파는 도요타, 백년대계의 경영전략 │ 2016. 12. 1

《매일경제》│ CEO가 되는 다섯 가지 법칙 │ 2007. 5. 10

《매일경제》│ 스타워즈의 상상력 연필 한 자루에서 시작됐다 │ 2015. 10. 23

《매일경제》 | '온라인 공룡' 오프라인 門을 열다 | 2016. 12. 1

《매일경제》 | 망할 뻔한 패션 회사를 '디지털화'로 살린 한국인 | 2017. 1. 20

《머니투데이》 | 신한·삼성·현대카드 같은 듯 다른 3社3色 디지털 | 2016. 10. 5

《머니투데이》 | 워싱턴포스트 '이익+성장' 선언 … 사양산업 신문 부흥 본보기 | 2017. 1. 4

《모터그래프》 | 주유 대행 스타트업 '필드', 벤틀리 뚜껑 열고 기름 채워준다 | 2016. 10. 6

《미디어스》 | 문경 세계군인체육대회 '캐러밴 선수촌' 질 높은 고민이 만든 기적 | 2015. 9. 26

《브릿지경제》 | 미래에는 이런 식탁? … '가열·냉각·폰 충전'까지 멀티 태스킹 | 2016. 6. 9

《비즈니스플러스》 | 현대카드 '정태영의 마이웨이' 성공할까? | 2016. 10. 18

《서울경제》 | 언더아머, '운동화 교체 주기'까지 알려준다 … 웨어러블 운동화 | 2017. 1. 6

《서울신문》 | 콧대 높던 월가 '핀테크' 질주 … 골드만삭스 등 'IT 기업' 선언 | 2016. 3. 29

《아시아경제》 | 글로벌 여성CEO ① : 애플 부사장 되는 앤절라 아렌츠 버버리CEO | 2013. 10. 16

《아시아경제》 | '쇼핑 테마파크' 힘 싣는 정용진 … "유통업 경쟁 상대는 야구장" | 2016. 3. 23

《연합뉴스》 | 워싱턴포스트, 온라인 방문자 뉴욕타임스 추월 … '베조스의 힘' | 2015. 12. 22

《연합뉴스》 | 세계군인체육대회 선수촌 손님맞이 채비 끝 | 2015. 9. 24

《전자신문》 | 유명 미래학자 영입한 구글, 어떤 꿈 꾸길래 | 2012. 12. 15

《조선비즈》 | 골드만삭스 스타트업 투자 급증 … 실리콘밸리로 달려가는 IB | 2015. 10. 28

《조선비즈》 | 구글 직원 "최고 수준의 구내식당보다 좋은 건 더 나은 세상 만들고 있다는 자부심"
　　　2016. 2. 20

《조선일보》 | 삼성전자가 왜 가구 박람회에? … 고객 찾아 이색 전시회 찾는 기업들 | 2016. 5. 14

《주간경향》 | 사물인터넷도 '사람'이 먼저다 | 2014. 2. 18

《주간동아》 | 쓰레기 더미 위스키 병뚜껑의 외출 | 2009. 11. 27

《중앙일보》 | 노벨상 수상자가 무용가 될 가능성은 보통 과학자의 22배 | 2010. 5. 22

《중앙일보》 | 문경시 '캐러밴 선수촌'으로 765억 아꼈다 | 2015. 9. 24

《지디넷코리아》 | 죽어가던 워싱턴포스트 살린 '베조스' | 2015. 3. 17

《지디넷코리아》 | 삼성, 밀라노 가구 박람회서 디자인 철학 전파 | 2015. 4. 14

《지디넷코리아》 | 아마존 오프라인 서점 300~400개 오픈 목표 | 2016. 2. 3

《지디넷코리아》 | 도미노와 스타벅스가 AI를 대하는 자세 | 2017. 3. 3

《한겨레21》 | 종이 신문이 사라진다 | 2009. 4. 8

《한국경제》 | 정태영 현대카드 사장 "여러 회사에서 '영감' 얻어 … 누구도 안 간 영역에 도전"
　　　2014. 10. 7

《한국경제신문》 | GS홈쇼핑, 스타트업에 1200억 투자한 까닭은 | 2017. 2. 2

《헤럴드경제》 | 도요타, 차 아닌 집도 판다 | 2015. 7. 7

《MBN》 | 9.11 막을 수 있었다 | 2004. 7. 23

《Bloomberg》 | Inside Silicon Valley's Robot Pizzeria | 2016. 6. 24

《Business Insider》 | This robot-made pizza in Silicon Valley should terrify Domino's and Pizza Hut | 2016. 9. 29

《Harvard Business Review》 | How Domino's Pizza Reinvented Itself | 2016. 11. 28

《Inc》 | This Email From Elon Musk to Tesla Employees Describes What Great Communication Looks Like | 2017. 8. 30

《그룹 지니어스》 | 키스 소여, 이호준 옮김 | 북섬 | 2008

《당당한 결별》 | 김용섭 | 원더박스 | 2016

《문구의 모험》 | 제임스 워드, 김병화 옮김 | 어크로스 | 2015

《우아한 관찰주의자》 | 에이미 E. 허먼, 문희경 옮김 | 청림출판 | 2017

《워렌 버핏》 | 김지영 | 살림출판사 | 2009

항상 미래의 시점에서 본다
Fore-sight: 넘나드는 눈

《뉴스핌》 | 스무 살에 '가상현실' 시장 창조한 파머 럭키 | 2015. 8. 13

《동아닷컴》 | 전 세계 자수성가 억만장자 4명 중 1명, 대학 안 나왔다 | 2016. 6. 4

《동아비즈니스리뷰》 | 프로세스 이끌어갈 자신이 없다면, '혁신' 이야기조차 꺼내지 마라 | 2015년 1월호

《동아비즈니스리뷰》 | '아이디어 사냥꾼'을 확보하고 기존 조직서 독립된 '전담 조직' 활용하라 | 2016년 9월호

《웹》 | 세상에서 가장 훌륭했던 실패, 비운의 명가들 | 2015년 4월호

《전자신문》 | 유명 미래학자 영입한 구글, 어떤 꿈 꾸길래 | 2012. 12. 15

《전사신문》 | 빌 게이츠는 쪽집게… 1999년 예언 15개 현실화 | 2015. 4. 30

《조선비즈》 | 엔비디아 CEO, 첫 CES 기조연설서 "인공지능 정조준할 것" | 2017. 1. 5

《조선일보》 | 인터넷 10분이면 창업… 실리콘밸리도 놀란 '탈린 밸리' | 2016. 3. 21

《조선일보》 | 4년 동안 매출액 57배 껑충… 세계 장악한 중국 '드론 괴물' DJI | 2017. 4. 1

《티타임즈》 | 성공한 스타트업들이 막 시작했을 때 공통점 | 2015. 6. 5

《한국경제》 | 프랭크 왕 CEO 모형 비행기에 푹 빠졌던 소년 '드론계의 스티브 잡스' | 2016. 3. 24

《한겨레》 | "2025년 인간 화성 착륙" 머스크, '화성 식민지' 구상 밝혀 | 2016. 6. 2

《한겨레》 | 미래학자 앨빈 토플러, 미래로 가다 | 2016. 6. 30

《KBS뉴스》 | '2조 원'의 19살 청년 "오큘러스, 매트릭스 보고 영감 얻었다" | 2015. 4. 23

《OSEN》 | 머스크의 상상이 다시 세상을 바꿀까? 지하 터널 네트워크 다음 주 시험 가동 | 2017. 7. 2

《Business Insider》 | Bill Gates made these 15 predictions in 1999? It's scary how accurate he was | 2015. 4. 28

《Digital Trends》 | Will the Willy Wonka of technology will help Google usher in a sci-fi future? 2012. 12. 20

《Observer》 | What did Billion Dollar Companies Look Like at the Series A? | 2015. 9. 15

《TechCrunch》 | Everything you need to know about SpaceX's plan to colonize Mars 2016. 9. 27

《생각의 씨앗》 | 김용섭 | 생각의나무 | 2010

〈장수하는 리딩 기업의 미래 사업 운영 방식〉 | 박지원, 박종일 | LG경제연구원 | 2017. 2. 9

《The Singularity is Near: When Humans Transcend Biology》 | Ray Kurzweil | Penguin Books 2005

www.digitaltrends.com/computing/ray-kurzweil-brings-his-singular-focus-to-google/

http://waitbutwhy.com/2015/11/the-cook-and-the-chef-musks-secret-sauce.html

https://www.quora.com/What-is-it-like-to-work-with-Elon-Musk

드러나지 않는 것에 더 집중한다
In-sight: 추리하는 눈

《그린포스트코리아》 | 테슬라 CEO 일론 머스크, "내 성공 비결은 철학의 제1원리" | 2017. 7. 17

《더기어》 | 아마존북스 오프라인 서점 1호점을 가다 | 2016. 3. 9

《동아비즈니스리뷰》 | 뻔한 생각의 덫에서 벗어나자 | 2010년 5월호

《디자인》 | 쌀이 주인공인 라이프스타일 숍 아코메야 | 2018년 4월호

《매일경제》│'가전업계의 애플' 다이슨: 기능 집중·초격차 기술·혁신 인재 '3박자'│2016. 1. 2

《매일경제》│영업사원 한 명도 없는데 매출액 3700억 원의 기적│2017. 2. 14

《매일경제》│그저 그런 쌀가게? 천만에… 日 쌀집의 대변신│2018. 1. 11

《미주중앙일보》│세계적인 억만장자 대부분은 '자수성가형'│2017. 3. 25

《비즈니스인사이트》│세상을 뒤흔들 야심 찬 프로젝트들: 구글의 미래를 말한다 ② 거대한 실험실
      2014. 6. 1

《비즈한국》│스타벅스 그 이상의 스페셜 커피, '블루보틀'│2016. 12. 23

《이코노믹리뷰》│세계 자수성가형 억만장자↑, 한국은 상속형 74.1% : PIIE, 신흥국가에서
      억만장자 많이 나올 것│2016. 3. 14

《인물과사상》│제임스 다이슨: 왜 '영국의 스티브 잡스'로 불리는가?│2016년 4월호

《중앙일보》│헤어드라이어 소음 난제, 소리 더 키워 푼 다이슨│2016. 11. 4

《조선비즈》│마케팅이 왜 필요한가? 브랜딩이 왜 필요한가?… 진공청소기는 먼지만 잘 빨아들이면 그뿐
      2015. 8. 22

《조선비즈》│열성팬 거느린 콘텐츠의 전성시대│2015. 10. 31

《조선비즈》│'매출보다 품질' 타협 없는 창업 마인드에 1400억 원이 몰렸다… 커피 혁명│2016. 11. 26

《조선비즈》│게임 개발 좌절한 팀에 샴페인 파티 열어줘요, 실패가 혁신 '밑천'이니까│2016. 12. 1

《조선일보》│APEC 의전차량 뒤처리, 고수와 하수의 차이│2005. 11. 8

《조선일보》│구글, 미래 사업 줄줄이 포기… 돈 안 되는 사업 구조조정│2017. 1. 12

《중앙일보》│'커피계의 애플'로 불리는 '블루보틀'이 105조 매출 네슬레에 인수된 까닭은│2017. 9. 18

《테크홀릭》│구글 '인터넷 드론' 프로젝트 포기?│2017. 1. 14

《한겨레》│'영국의 잡스' 다이슨 5126전 5127기│2012. 4. 20

《한국경제》│파산 위기를 '대박'으로 바꾼 일본 발뮤다의 '역발상'│2016. 1. 26

《한국경제》│가전 이익률 25% 다이슨의 비결요? 부품 속 부품까지 직접 만드는 '완벽함'│2016. 8. 4

《헤럴드경제》│사비 털어 '세상 바꿀 아이디어' 찾는 억만장자들│2017. 3. 27

《B》│Issue No. 60: Monocle│2017년 10월호

《DBR》│연 35% 성장하는 영국 잡지 '모노클' 대표 타일러 브륄레│2011. 6월호

《DBR》│한 끼의 행복이라는 설렘을 판다│2018년 1월호

《Royal Society Open Science》│〈Creating beauty: creativity compensates for low physical
      attractiveness when individuals assess the attractiveness of social and romantic partners〉
      Christopher D. Watkins│2017. 4. 19

《TIME》 | The 10 Biggest Tech Failures of the Last Decade | 2009. 5. 14

《WSJ》 | Google Glass Gets a New Name and Hires from Amazon | 2015. 9. 16

《東洋經濟》 | サザビーがイケてるブランドと組めるワケ | 2015. 2. 22

《몰입의 즐거움》 | 미하이 칙센트미하이, 이희재 옮김 | 해냄 | 2007

《볼드》 | 피터 디아만디스, 스티븐 코틀러, 이지연 옮김 | 비즈니스북스 | 2016

《생각의 탄생》 | 미셸 루트번스타인, 로버트 루트번스타인, 박종성 옮김 | 에코의서재 | 2007

《일침》 | 정민 | 김영사 | 2012

〈왜 좋은 기술이 실패하는가〉 | 박용삼 | 포스코경영연구원 | 2015. 6. 24

〈Why you Only need to test with 5 users〉 | Jacob Nielsen | Nielsen Norman Group | 2000. 3. 19

www.sazaby-league.co.jp

www.monocle.com

사진 출처

025　http://readysetinc.com/portfolio/raden

029　위·https://www.metopera.org 아래·연합뉴스

039　연합뉴스

045　shutterstock

057　위·http://blog.casper.com/casper-jitney/

　　　아래·http://blog.casper.com/uk/internet-saying-casper/

097　shutterstock

111　https://www.youtube.com/watch?v=DOnoyrFdFS0

117　shutterstock

127　shutterstock

143　shutterstock

151　shutterstock

161　연합뉴스

179　연합뉴스

197　http://www.segway.com/about/media-center

203　https://angel.co/titan-aerospace

213　연합뉴스

233　연합뉴스

239　https://monocle.com/magazine/issues/111/

■　일부 저작권이 확인되지 않은 사진은 저작권을 확인하는 대로 통상의 비용을 지불하겠습니다.

실력보다 안목이다

대한민국 최고 트렌드 분석가가 말하는 성과를 내는 사람들의 비밀

초판 1쇄 발행 2018년 7월 20일

지은이 | 김용섭

발행인 | 문태진
본부장 | 김보경
책임편집 | 박은영
디자인 | 지노디자인
저자 사진 | 김선아

기획편집팀 | 김혜연 김예원 임지선 정다이 이희산
마케팅팀 | 한정덕 장철용
디자인팀 | 윤지예 이현주
경영지원팀 | 노강희 윤현성 이지복 이보람 유상희
강연팀 | 장진항 조은빛 강유정 신유리

펴낸곳 | (주)인플루엔셜
출판신고 | 2012년 5월 18일 제300-2012-1043호
주소 | (04511) 서울특별시 중구 통일로2길, AIA타워 8층
전화 | 02)720-1034(기획편집) 02)720-1024(마케팅) 02)720-1042(강연섭외)
팩스 | 02)720-1043 전자우편 | books@influential.co.kr

홈페이지 | www.influential.co.kr

ⓒ 김용섭, 2018

ISBN 979-11-86560-75-4 (03320)

"JTBC는 어떻게 KBS를 역전했을까!"

경제 분야 네티즌을 열광시킨
KBS 박종훈 경제전문기자의 최신간

켈로그에서 카카오뱅크까지,
1등을 이긴 창조적 추격자들의 7가지 전략비책

역전의 명수
난공불락의 1위를 뒤집은 창조적 추격자들의 비밀

박종훈 지음 | 15,800원

이 책에 소개한 역전의 기술은 프레임 전환의 방법에 관한 것이다. 만약 당신이 결코 역전할 수 없는 불리한 상황에 처해 있다고 생각된다면 세계 최강의 무적함대에게 모든 선원을 잃고 멕시코만에 혼자 살아남은 드레이크를 상상해보라. 불리한 여건 속에서 극적인 역전에 성공하고 싶다면 무엇보다 선택과 집중을 해야 한다. 남들과 차별화되는 경쟁력이 무엇인지 고민하여 선택하고, 여기에 자신의 한정된 자원을 집중 투자하라. 그리고 앞으로 다가올 변화에 대비하라. 반드시 역전의 기회를 잡을 것이다!

– 프롤로그 중에서